韓国財閥の通信簿

韓国ファミリービジネスの企業診断

髙沢 修一［著］

財経詳報社

はじめに

　現在，大韓民国（以下，「韓国」とする）の経済は低迷しているが，韓国経済において重要な位置を占めているのが韓国GDP（国内総生産）の4分の3を占める「韓国財閥（Korean Chaebol）」の存在であり，韓国財閥の象徴でもある四大財閥（サムスン・現代自動車・LG・SK）で韓国GDPの約60％を担っている。

　つまり，韓国財閥は，様々な成長戦略や税務戦略を駆使して外貨獲得のためにグローバル化を進展させると共に，新たなビジネスチャンスを求めて積極的に活動しているのである。

　また，韓国財閥は，家族経営（以下，「ファミリービジネス」とする）と財閥総帥による企業統治を特徴とする。そのため，本書では，韓国の企業経営の根幹を形成するファミリービジネスと企業統治について検証することを目的として韓国財閥について企業診断した。なぜならば，韓国財閥がファミリービジネスであると評される所以に，創業家出身の経営者が自己の利益確保を目的としてインフォーマル・ネットワークを用いた経営手法を導入していることにあり，コーポレートガバナンスが欠如していると指摘できるからである。

　すなわち，コーポレートガバナンスは，「企業は創業家や経営者の私物ではなく，株主等の利害関係者のために存在するべきである」という考え方であり，そして，企業統治の目的は，「企業経営の透明性を確保し，株主等の利害関係者に対する説明責任を行い，企業の社会的価値を向上させることである」と評される。そのため，韓国財閥のファミリービジネスは，コーポレートガバナンスと企業統治の視点から経営課題を指摘できる。

　一般的に，韓国財閥のファミリービジネスを形成するインフォーマル・ネットワークとしては，「血縁」，「地縁」及び「学縁（学閥）」が挙げられることが多く，特に，出身校による「学縁（学閥）」と財閥間の婚姻関係による「婚脈」の結びつきが強い。例えば，「学縁（学閥）」は，"大統領選挙"を巡るインフォーマル・ネットワークとして認識され，「婚脈」は"財界"を巡るインフォーマ

ル・ネットワークとして認識されるが，韓国財閥は，「学縁（学閥）」と「婚脈」を用いて大統領との強固な人脈を構築し，大統領からの政治的支援を得て事業規模を伸長させたのである。つまり，外需依存型の経済構造下において韓国財閥の経済支配が伸長する過程で，韓国財閥と大統領の行き過ぎた結びつきの強さが「政経癒着問題」を発生させたと推測できる。

　韓国経済を主導した韓国財閥のファミリービジネスに対しては，財閥総帥の不透明な組織運営に対する批判も多いが，逆に，ファミリーによる家族経営とトップダウン型のリーダーシップは，財閥総帥の意思決定を迅速にマネジメントに反映させると共に，将来性を期待できる新分野に積極的に進出できる点で優れており韓国経済の発展に寄与したとも評価されている。

　しかしながら，財閥総帥及び創業家一族が企業経営を支配しているというファミリービジネスの企業形態は，韓国財閥における粉飾決算及び不正会計の温床となっているのも事実であり，韓国財閥の創業家における相続争いや事業承継の失敗は企業経営の教訓とすることができる。

　実際に，韓国財閥は，企業間格差が明白になっているが，コーポレートガバナンスを重視し，健全な企業会計を実施し法人税の納税を遵守し，利害関係者の支持を得られるような事業承継を行っている企業は厳しい経営環境下でも成長しているのである。

　また，本書では，韓国財閥の経営問題を分析することを目的として韓国財閥のグローバル化と血税支援問題について考察した。なぜならば，韓国財閥は，国内消費の冷え込みに対応するために生き残りを賭けて海外進出を行い，その動きに呼応して韓国政府は韓国財閥を助成するために種々の税制支援を行っているが，国際競争に勝てない韓国企業が血税投入により生存することには企業統治の面からも問題点を指摘することができるからである。

　実際，韓国財閥に対しては，様々な金融支援（追加融資・金利減免）及び血税投入等の税制支援が投じられており，本来ならば倒産すべき企業が事業を継続している。しかし，このような企業経営に対する国家の過度な介入は，企業のゾンビ化現象を生起し企業の再生力や自助力を喪失させると共に，国際的信用力を低下させる可能性もある。そのため，韓国経済が再生するためには，韓国財閥主体の体質からの脱却が求められるのである。

　2014年，日本では，コーポレートガバナンスの強化を目的として会社法が改

正されたが，社外取締役選任の義務化は見送られた。しかし，企業経営の企業統治が有効に機能するためには，「社外取締役の独立性」を確保することが求められており，社外取締役の独立性については，日本だけではなく米国や韓国においても認識されている。例えば，米国のニューヨーク証券取引所において「社外取締役の独立性」に関する規定が厳格化されたが，一方，1998年，金大中大統領により提唱された韓国のコーポレートガバナンス改革においても理事（取締役）総数の4分の1以上を社外理事（社外取締役）として選任することを決定した。

しかしながら，韓国財閥においては，社外取締役に財閥創業家及び財閥総帥と親密な関係を有する者や学縁関係者が多く任じられており，韓国財閥に顕著に窺える「血縁」，「地縁」及び「学縁（学閥）」等の縁故による家族経営が韓国経済の成長を妨げていると批判される。

よって，本書では，韓国の企業経営の根幹を形成する韓国財閥の実態を検証することを目的として，韓国財閥のファミリービジネスと企業統治について考察した。なぜならば，韓国財閥におけるファミリービジネスと企業統治を分析することは，ファミリービジネスが多く企業経営上の同質性を有するわが国の企業経営の示唆ともなりえるからである。

なお，本書は，学会や研究会における研究報告をまとめたものである。発表の機会を与えて頂いた関係者の皆様に御礼申し上げたい。そして，刊行については，株式会社財経詳報社代表取締役の宮本弘明氏とスタッフの皆様にも御礼申し上げたい。

2018年9月

髙沢修一

目　　次

はじめに

第Ⅰ章　序　論 ……………………………………………………… 1

第Ⅱ章　韓国財閥の誕生・形成と政経癒着問題 ……………… 10

第1節　韓国財閥の誕生と成長過程 ……………………………… 10
第1項　大韓民国誕生前の韓国財閥の起源 ……………………… 10
１．李氏朝鮮時代の商業活動と朝鮮総督府の役割　　10
２．朝鮮大地主を母胎とする民族系企業集団の誕生　　12
第2項　大韓民国建国後の韓国財閥の成長 …………………… 13
１．現代・サムスン等の戦後誕生韓国財閥の登場　　13
２．大宇・栗山等の新興韓国財閥の誕生と成長　　14

第2節　韓国財閥の財力と政経癒着問題 ……………………… 16
第1項　韓国財閥の資産規模と学縁・婚縁ネットワーク …… 16
第2項　官治金融・循環出資と政経癒着の弊害 ……………… 19
１．官治金融が金融システム構築に与えた影響　　19
２．オーナー創業家の持ち株所有比率と事業承継　　21

第3節　歴代韓国大統領の政治改革と財閥改革 ……………… 24
第1項　金大中・盧武鉉大統領のコーポレートガバナンス改革……… 24
第2項　2018年韓国税制改正法と文在寅大統領の財閥改革 ……… 26

目　次　v

第Ⅲ章　韓国五大財閥の家族経営と事業承継問題 ················ 30

第1節　韓国財閥のファミリービジネスと事業承継 ··················· 30

第2節　サムスングループの成長と事業承継 ·························· 32
第1項　三星商会の開業とサムソン電子の躍進 ················· 32
第2項　サムスングループの分裂と承継問題 ··················· 33

第3節　現代グループの成長と事業承継 ······························ 34
第1項　現代建設の翔業と現代グループの分裂 ················· 34
第2項　現代グループの金剛山観光事業の挫折 ················· 36
第3項　現代自動車グループのオリンピック競技支援 ··········· 37

第4節　SK グループの成長と事業承継 ······························ 37
第1項　鮮京からの社名変更と M&A の活用 ·················· 37
第2項　持株会社によるグループ再編と承継問題 ··············· 38

第5節　LG グループの成長と事業承継 ······························ 39
第1項　ラッキー金星からの社名変更と海外進出 ··············· 39
第2項　創業家共同経営の限界と GS グループの誕生 ········· 41
第3項　LG グループの養子縁組による事業承継の可能性 ······· 42

第6節　ロッテグループの成長と事業承継 ·························· 45
第1項　在日コリアンの成功と韓国進出・財閥形成 ············· 45
第2項　創業家の承継問題とグループの経営課題 ··············· 46

第Ⅳ章　韓国財閥の企業ゾンビ化と血税支援問題 ··················· 49

第1節　ゾンビ企業の識別と財務分析の基準 ······················· 49
第1項　ゾンビ企業の定義と2つの識別方法 ·················· 49
第2項　韓国財閥系列企業のゾンビ化の実態 ················· 50

第2節　韓国財閥と韓国造船業界との関係 ……………………… 53

第1項　造船業界の建造量世界シェア ……………………………… 53

第2項　韓国造船業界の財務分析 …………………………………… 55

1．現代重工業の財務内容　55

2．サムスン重工業の財務内容　57

3．大宇造船海洋の財務内容　57

4．STX造船海洋の財務内容　60

第3項　韓国造船業界への政府対応 ………………………………… 62

1．大宇造船海洋に対する血税支援　62

2．STX造船海洋の法定管理申請　63

第3節　韓国財閥と韓国半導体産業の関係 …………………… 63

第1項　半導体産業の売上高世界ランキング ……………………… 63

第2項　韓国半導体産業の経営環境 ………………………………… 64

1．韓国半導体産業の形成過程　64

2．韓国半導体産業に対する税制支援　67

第3項　韓国半導体産業の将来性 …………………………………… 69

1．韓国半導体産業の財務内容　69

2．韓国半導体産業の成長戦略　71

第Ⅴ章　韓国財閥の成長戦略と税務戦略 …………………… 74

第1節　成長戦略と税務戦略の重要性 ………………………… 74

第2節　韓国自動車産業の形成過程と海外戦略 ……………… 77

第1項　アジア通貨危機と韓国自動車産業の再編 ………………… 77

第2項　韓国自動車メーカーの海外進出と競争力 ………………… 79

第3節　韓国航空会社の形成過程と経営課題 ………………… 82

第1項　大韓航空の誕生と韓進海運破綻の影響 …………………… 82

第2項　アシアナ航空の誕生とLCC参入の影響 …………………… 83

目　次　vii

第4節　韓国企業のベトナム投資と税務戦略 ……………………… 84
第1項　ベトナム経済の分析と税制支援 ………………………… 84
　　1．ドイモイ政策とベトナムの経済成長　84
　　2．租税回避地としてのベトナムの魅力　87
第2項　韓国企業のベトナム進出 ………………………………… 89
　　1．韓国政府のベトナムへの直接投資　89
　　2．韓国財閥の税務戦略と販売戦略　91

第5節　韓国中堅財閥の生き残り戦略 …………………………… 94
第1項　韓国食品企業の日本食品企業との業務提携 …………… 94
　　1．農心と味の素の合弁事業と他の即席麺会社の動向　94
　　2．ヘテ製菓とカルビーの合弁事業と復活・再上場　95
第2項　韓国軍需産業とハンファ防衛関連4社の武器輸出 ……… 96
第3項　新世界のベンチマーキングとピエロ・ショッピング開業 ……… 97

第Ⅵ章　韓国財閥の脱税・不正事件と社会的責任 ………………… 99

第1節　コーポレートガバナンス改革の必要性 ………………… 99

第2節　多発する韓国財閥の脱税・不正事件の分析 …………… 100
第1項　大宇グループの脱税・不正事件と財閥解体 …………… 100
第2項　SKグループの脱税・不正事件と総帥復活 …………… 103
第3項　その他の脱税・不正事件と韓国財閥の変遷 …………… 105

第3節　韓国財閥の脱税・不正事件の原因と国民批判 ………… 108
第1項　韓国財閥に対して寛容な司法及び行政に対する批判 ………… 108
第2項　外部監視機能の不備と「金英蘭法」制定の効果 ………… 109
第3項　韓国財閥に求められる企業の社会的責任の在り方 ………… 111

第4節　不正防止とコーポレートガバナンスの確立 …………… 113
第1項　集中投票制の義務化と社外取締役の独立性の強化 …………… 113
第2項　女性取締役の登用と発言力のある機関投資家の活用 ………… 115

《参考資料》 Samsung Sustainability Report〔2018〕

第Ⅶ章　結　論 ………………………………………………………… 119

参考文献 ………………………………………………………………… 126

参考資料 ………………………………………………………………… 127

事項索引 ………………………………………………………………… 128

第 I 章　序　論

　現在，大韓民国（以下，「韓国」とする）の経済状態は厳しい状態にあるが，韓国経済において重要な位置を占めているのが韓国 GDP（国内総生産）の 4 分の 3 を占める「韓国財閥」（Korean Chaebol）の存在であり，四大財閥（サムスン・現代自動車・LG・SK）で GDP の約60％を担っている。そして，この韓国財閥が家族経営（以下，「ファミリービジネス」とする）であると評される所以は，創業家出身の経営者が自己の利益確保を目的として大統領，政治家，及び軍関係者との間で「婚脈」，「学縁（学閥）」，及び「地縁」という縁故関係に基づくインフォーマル・ネットワークを構築したことに起因する。

　しかし，このような韓国財閥と大統領及び政治家との親密関係は，「政経癒着問題」を発生させている。実際に，韓国財閥と大統領の癒着は，政治的腐敗を生じさせ大統領に対する国民の信頼を失墜させると共に利害関係者の韓国財閥に対する信頼感を喪失させている。

　一方，わが国の企業経営でも，コーポレートガバナンス（Corporate Governance）の重要性が指摘され，2014年に会社法が改正されたが社外取締役選任の義務化は見送られた。但し，企業経営の企業統治が有効に機能するためには，「社外取締役の独立性」を確保することが求められており，社外取締役の独立性については，わが国だけではなく米国や韓国においても認識されている。例えば，米国のニューヨーク証券取引所において「社外取締役の独立性」に関する規定が厳格化されたが，1998年，金大中大統領により提唱された韓国のコーポレートガバナンス改革においても理事（取締役）総数の 4 分の 1 以上を社外理事（社外取締役）として選任することを決定した。しかしながら，韓国財閥系列企業においては，社外取締役に財閥創業家及び財閥総帥と親密な関係を有する者が多数任じられており，韓国財閥系列企業に顕著に窺える「血縁」，「地縁」及び「学縁（学閥）」等の縁故による家族経営が韓国経済の成長を妨げていると批判される。

2　第Ⅰ章　序　論

　また，韓国財閥の社外取締役の実態は，財閥創業家及び財閥総帥と直接利害
関係を有する者と学縁関係者が多く，2011年度・韓国五大財閥における財閥創
業家及び財閥総帥と利害関係を有する社外取締役数（比率）は，図表Ⅰ-1に示
すように，サムスングループ12人（19.04%），現代自動車グループ８人
（33.33%），SKグループ10人（18.18%），LGグループ７人（17.94%），ロッテ
グループ６人（23.07%）である。つまり，韓国財閥においては，約20%から
30%の社外取締役が財閥創業家及び財閥総帥と何らかの利害関係を有する者で
占められ，韓国コーポレートガバナンス改革において提唱された「社外取締役
候補推薦委員会」は形骸化し，必ずしも"社外取締役の独立性"が保たれてい
るとはいえないのである。

【図表Ⅰ-1】2011年度・五大韓国財閥に占める CEO 及び社外取締役の状態

企業集団名	上場会社数	取締役の内訳		利害関係を有する社外取締役の内訳	
		社内取締役（比率）	社外取締役（比率）	直接利害関係者（学縁以外）	学縁関係者
サムスン	20社	67人（51.54%）	63人（48.46%）	7人	5人
現代自動車	8社	29人（54.72%）	24人（45.28%）	5人	3人
SK	16社	58人（51.33%）	55人（48.67%）	5人	5人
LG	11社	37人（48.68%）	39人（51.32%）	4人	3人
ロッテ	8社	25人（49.02%）	26人（50.98%）	5人	1人

（出所）経済改革研究所研究員編「社外取締役の独立性分析（2010）―大規模企業集団所属
　　　上場会社を中心に―」『経済改革レポート』（2011年）第１号２月，33ページ，及び李
　　　昭娟稿，「縁故関係からみる韓国の社外取締役の独立性の問題」『創価大学大学院紀
　　　要』35（創価大学，2013年）33ページを基に作成。

　また，韓国財閥とは，「戦前からの民族系企業や帰属財産（戦後朝鮮半島に
残された日本の独占資本による企業・事業）に起源を持ち，高度成長下で国の
支援を受けながら形成され，資産総額が５兆ウォン以上の同族経営や多角経営

を特徴としている企業集団のことである」[1]と定義されるが，この韓国財閥の経営手法については批判的な見解が多い。なぜならば，韓国財閥のオーナー経営者は，他の韓国財閥や有力政治家及び高級官僚との間で姻戚関係を結ぶことにより「婚脈」を形成し，このインフォーマルな「婚脈」形成を拠りどころとする経営手法が大統領等の政権担当者との間で行き過ぎた「政経癒着問題」を生み出しているからである[2]。

そして，韓国財閥の財閥総帥による不透明な組織運営は，富める者（特定財閥）と富めない者（中小企業）との間の経営格差を助長し，不正会計や脱税の多発化という社会問題を生起させている。つまり，韓国財閥がファミリービジネスであると評される所以は，創業家である経営者が自己の利益確保を目的としてインフォーマル・ネットワークを用いた経営手法にある。

但し，このトップダウン型のマネジメントを採用する韓国財閥の経営手法については批判ばかりでなく，経営者の意思決定を迅速にマネジメントに反映させ，市場の要求に即応した成長分野に資金と人材を集中的に投入することを可能にしたという高い評価も存在する。

しかしながら，朴槿恵大統領のスキャンダルでは，朴政権と韓国財閥における不透明な資金の流れを巡り韓国財閥への批判が嵩じ，多くの財閥のオーナー経営者が韓国検察庁の参考人聴取を受け，韓国財閥のファミリービジネスとコーポレートガバナンスの在り方が問われることになった[3]。そして，既述のような韓国財閥と大統領を巡る政経癒着問題は，韓国の外需依存という偏重的な

---

(1) 三井物産研究所編，「朴槿恵政権が発足した韓国」戦略研究レポート（2013年4月）10ページ。
(2) 韓国財閥のインフォーマル・ネットワークには，「婚脈」の他に，「地縁」，「血縁」，「学縁（学閥）」が存在するが，婚脈の存在が最も大きい。
(3) 韓国検察庁の参考人聴取を受けた財閥総帥経営者は，下表の8名である。

財閥名	財閥オーナー経営者名	財閥名	財閥オーナー経営者名
三星	李在鎔	ロッテ	辛東彬（重光昭夫）
現代自動車	鄭夢九	韓火	金升淵
SK	崔泰源	韓進	趙亮鎬
LG	具本茂	CJ	孫京植

4　第Ⅰ章　序　論

経済構造に起因すると考えられる。例えば，韓国の国内総生産の多半を占めるのは外需であると指摘されているが，「内需が小さい韓国はもともと経済成長を外需に求めてきた。輸出をけん引したのは財閥企業だが，ここに韓国の構造問題が潜む」[4]と指摘できる。

　つまり，永らく韓国経済を牽引してきた存在は，外需を生み出す能力を有する韓国財閥であり，外需依存型の経済構造下において韓国財閥の経済支配が伸長する過程で，韓国財閥と大統領との間の行き過ぎた結びつきの強さが政治腐敗を助長させたと考えられるのである。

　そのため，韓国は，「会計処理基準が単一化される世界的趨勢に対応することにより国内会計透明性に対する国際的信頼度の向上を期待し，その結果，コリア・ディスカウントが解消する」[5]ことを目的として，図表Ⅰ-2に示すように，国家経済戦略の一環としてIFRS（International Financial Reporting Standards）の導入を決定している。

　コリア・ディスカウントとは，韓国企業が海外で資金調達する際に，諸外国の企業に比べて高い利率が課せられるということであるが，このコリア・ディスカウントについては，「コリア・ディスカウントの最も大きな原因は，北朝鮮ではなく，前近代的な韓国財閥の後進的な企業支配構造である」と指摘され

【図表Ⅰ-2】コリア・ディスカウントと国家経済戦略

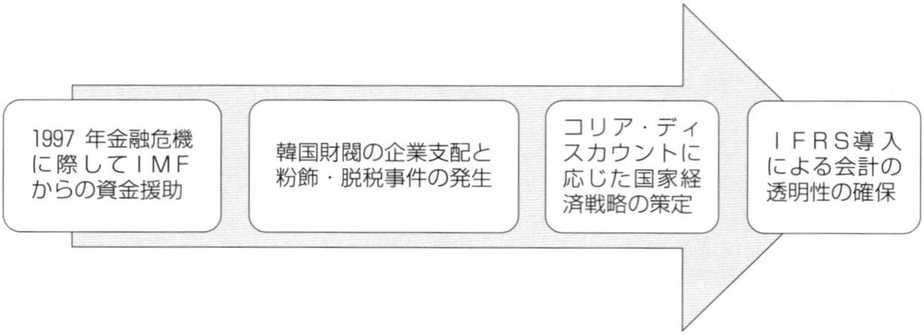

| 1997年金融危機に際してIMFからの資金援助 | 韓国財閥の企業支配と粉飾・脱税事件の発生 | コリア・ディスカウントに応じた国家経済戦略の策定 | ＩＦＲＳ導入による会計の透明性の確保 |

---

(4)　高安雄一稿，『韓国激震　怒りの底流』「大企業と中小，格差拡大」日本経済新聞・2016年12月1日参照。

(5)　李皓栄・カンミンジョン・張クムチュ・李弘燮稿，「国際会計基準の導入による財務情報の比較可能性の実態分析」『会計ジャーナル』第21巻第3号，310ページ。

ている[6]。そして，韓国においては，1997年のアジア金融危機に際して，コーポレートガバナンスの重要性が認識され，1998年に，金大中大統領による「コーポレートガバナンス改革」が断行され，理事（取締役）総数の4分の1以上を社外理事（社外取締役）として選任することが決定したのである。

　しかし，サムスンやSK等に代表される韓国財閥の社外取締役は，図表Ⅰ-3に示すように，特定大学の出身者が占めており，そして，ソウル大学校，延世大学校，高麗大学校出身者がCEO及び社外取締役に占める割合の大きさは，韓国財閥における"学縁（学閥）"の存在の大きさを示しているのである。

　つまり，韓国財閥系列企業の社外取締役の実態は，財閥創業家及び総帥と親密な関係を有する近親者や"学縁（学閥）"関係者が社外取締役に数多く任じられており，人事の硬直化という弊害を生み出すと共に，韓国財閥の成長を妨げる要因となっているのである。

【図表Ⅰ-3】サムスングループとSKグループのCEO・社外取締役の出身校

区分	サムスン		SK	
	CEO	社外取締役	CEO	社外取締役
ソウル大学校	23人	21人	14人	16人
延世大学校	4人	4人	10人	2人
高麗大学校	3人	2人	5人	3人
漢陽大学校	3人	―	1人	―
成均館大学校	2人	2人	2人	―
西江大学校	―	1人	―	―

（出所）ユ・テヒョン他著，『財閥の経営支配構造と人脈婚脈』（ナナン出版，2005年）147-148ページ，及び李昭娟稿，「縁故関係からみる韓国の社外取締役の独立性の問題」『創価大学大学院紀要』35（創価大学，2013年）35-36ページを基に作成。

　また，韓国財閥の経営者は，公的資金の私的流用及び不正会計に対する倫理観が希薄であると指摘され，事業経営における賄賂の収受についても寛容なところがあり，ビジネス慣習として必要と認められれば積極的に賄賂を受け入れる傾向にあり，韓国社会の経営環境のなかで韓国財閥による脱税や不正会計が

---

[6] The Economist掲載，「コリア・ディスカウント：少数の意見」2012年2月11日号に詳しい。

6 第Ⅰ章 序 論

社会問題化している。

　実際に，財閥総帥が重大な経済犯罪に問われても，大統領による特別特赦を
受けることにより免責されている。そのため，新大統領に就任した朴槿恵は，
「これまでの政治権力と財閥との癒着関係を断ち切るために，大統領の側近・
親族の不正根絶，検察，警察，国税庁，金融監督院などの改革を進めていくと
明言している」[7]のであるが，朴槿恵大統領自身が財閥との過剰な癒着による政
治的責任を問われる結果になっている。

　また，韓国財閥が生起させた脱税・不公平会計と韓国政府の財閥系列企業に
対する血税支援も問題視されている。韓国産業界を代表する存在としては，
「造船業界」と「半導体産業」等が挙げられるが，いずれも血税支援問題を生じ
させている。

　現在，造船業界は，世界的な「船余り」状態のため深刻な“造船不況”の時
代を迎えており，国際的な造船ランキングで上位を占める韓国造船業界も経営
悪化している。つまり，韓国造船業界の財務内容は不安定であり，大宇造船海
洋とSTX造船海洋の2社は経営破綻に陥っている。しかし，STX造船海洋の
場合には血税支援が行われることなく，ソウル中央地裁に法定管理の申請を行
ったのに対して，「大宇財閥」の閥脈を伝える大宇造船海洋には血税支援が行
われた。この大宇造船海洋に対する血税支援は，韓国の一企業の救済という枠
組みを超え，国際的な規模で公正な企業競争を損なうと批判された。

　一方，韓国半導体産業は，韓国経済の失速状況のなかでも好調を保持してい
る。例えば，2016年半導体売上高ランキングは，インテルが前年比4.5％増の
539億9,600万米ドルの売上高を計上し，25年連続で半導体売上高ランキング第
1位の座を占めたが，韓国半導体メーカーである，Samsung Electronics（以下
「サムスン電子」とする）も前年比6.1％増の401億4,300米ドルの売上高を計上
し，そして，SK Hynix（以下，「SKハイニックス」とする）も142億6,700米ド
ルの売上高を計上し世界的シェアを保有している。

　しかし，サムスン電子とSKハイニックスは，サムスングループとSKグル
ープという韓国財閥の傘下企業であり，韓国半導体産業の伸長は韓国政府の税
制支援効果にあると推測できる。韓国半導体産業に対する税制支援効果として

(7)　向山英彦稿，「どう変わる韓国新政権下の経済政策と対日経済関係」『環境太平洋ビジネ
　　ス情報RIM』（2013年）vol. 13，No. 48，7ページ。

は，①技術開発促進法に基づく「技術開発準備金損金算入制度」，②租税減免規制法に基づく「研究及び人材開発のための設備投資税額控除」，③償却制度における「法定耐用年数の差異」等が挙げられるが，これらの韓国政府の韓国半導体産業に対する税制支援が，韓国半導体メーカーの手元現金を増加させると共に，キャッシュ・フローの数値も改善することになり，企業財務の安定が韓国半導体産業の国際的飛躍に貢献したと指摘できる。

　勿論，韓国政府が自国の産業育成を目的として税制支援を行うことについて問題は生じない。しかし，行き過ぎた税制支援は，国内の韓国財閥に代表される大企業と中小企業の産業格差をさらに助長させることになり，外需依存の経済構造からの脱却を難しくしているのである。

　また，韓国財閥は，縮小傾向を示す韓国市場から活動拠点を欧米や中国に移転させてきたが，近年ではベトナムに積極的に進出し日本企業と競合することが多い。従来であれば，韓国企業は，日本と互角の競争力を有していたが，法人税率を引き下げるという国際潮流に逆行する内容である2018年韓国税制改正法の施行に伴い競争力を喪失させる可能性もある。

　そして，韓国財閥における財閥創業家及び財閥総帥の企業経営における私物化も問題視されている。現在，韓国財閥の総帥は2代目から3代目へと事業承継されているが，大韓航空（Korean Air Lines）が生起した「2014年・チョ・ヒョンア（ヒョナ）副社長（当時）のナッツ・リターン騒動」や「2018年・チョ・ヒョンミン専務（当時）のパワハラ問題」に代表されるように韓国財閥3世の不祥事が多発しており，韓国財閥のオーナー経営者の不透明な組織運営に対しても批判が高まっている。逆に，韓国財閥のファミリーによる同族経営とトップダウン型のリーダーシップに対しては，オーナー経営者の意思決定を迅速にマネジメントに反映させると共に，将来性の期待できる新分野に積極的に進出できる点で優れており韓国経済の発展に寄与したとの評価があるのも事実であり，サムスングループの企業経営は国際的にも高く評価されており，サムスングループの中核企業であるサムスン電子はグローバルな視点に立ち企業活動を行っている。

　一方，わが国においても，中小企業ばかりでなく上場会社・大企業においてもファミリービジネスは多く，特に，老舗と称される企業に多く，ファミリービジネスが日本経済を牽引しているのが実態である。例えば，日本の上場企業

8 　第Ⅰ章　序　論

【図表Ⅰ-4】 日本の上場企業数

法人形態	企業数	合計
東京証券取引所（第一部）	1,782社	
東京証券取引所（第二部）	559社	3,896社
東京証券取引所（マザーズ・ジャスダック）	1,070社	（企業数：約409万社）
その他（札幌取引所・名古屋取引所・福岡取引所）	485社	

（出所）経済産業政策局企業会計室編，「企業情報開示等をめぐる国際動向」（2013年）17ペー
　　　　ジを基に作成。髙沢修一著，『ファミリービジネスの承継と税務』（森山書店，2016
　　　　年）90ページ。
（注）米国においては，企業数約603万社のうち5,008社が上場企業である。

【図表Ⅰ-5】 上場企業の創業家支配

区分	企業数	割合	内容
専門経営者企業	1,441社	57.3%	主たる株主は，機関投資家，金融機関並びに親会社であり，経営者は限定された株式しか有していない。
ファミリー企業〔Aタイプ〕	925社	36.8%	創業者又は創業家ファミリーは，最大株主であると共に経営に参画している。
ファミリー企業〔Bタイプ〕	119社	4.7%	創業者又は創業家ファミリーは，個人大株主であるが経営に参画していない。
ファミリー企業〔Cタイプ〕	30社	1.2%	創業者又は創業家ファミリーは，個人大株主ではないが経営に参画している。

（出所）倉科敏材著，『ファミリー企業の経営学』（東洋経済新報社，2003年），斎藤達弘稿，
　　　　「ファミリー企業であり続けるために」『大阪大学経済学』Vol. 57 No. 4（2008年）7
　　　　ページを基に作成。髙沢修一著，『ファミリービジネスの承継と税務』（森山書店，
　　　　2016年）91ページ。

数は，経済産業政策局企業会計室の調査に拠れば，図表Ⅰ-4に示すように，平
成25（2013）年12月末時点で，東京証券取引所（第一部）1,782社，東京証券取
引所（第二部）559社，東京証券取引所（マザーズ・ジャスダック）1,070社，
その他（札幌取引所・名古屋取引所・福岡取引所）485社，総計3,547社であり，
そして，平成12（2000）年3月期における全上場企業2,515社の分析調査に拠れ
ば，創業者又は創業家ファミリーが上場企業の最大株主として経営トップを担
っている割合は，図表Ⅰ-5に示すように約40%と高い数値を示しているが，こ
の企業経営の実態は，韓国経済における「韓国財閥」を中心とするファミリー

ビジネスと類似しているのである。

　また，日韓のファミリービジネスは，全ての面で同一であると言い難いが，日韓両国のファミリービジネスは，創業者及び創業家一族が企業経営を支配している点において企業形態上の同質性を窺えるため，韓国財閥の粉飾・不正会計及び事業承継の失敗を企業経営の示唆とすることができる。例えば，韓国においても，健全な企業会計を実施し法人税の納税を遵守すると共に，利害関係者の支持を得られるような企業経営や事業承継を行っている韓国財閥隷下の韓国企業は，厳しい経営環境下であっても成長し続けている。逆に，粉飾・不正会計等の不祥事を起こしている韓国財閥系列企業は，経営破綻し韓国経済に大きな打撃を与えており，コーポレートガバナンスの重要性を示している。

　よって，本書では，韓国の企業経営の根幹を形成する韓国財閥のファミリービジネスと企業統治について検証することを目的として韓国財閥について企業診断した。なぜならば，韓国財閥におけるファミリービジネスと企業統治を分析することは，ファミリービジネスが多く税制面でも同質性を有するわが国の企業経営の示唆ともなりえるからである。

第Ⅱ章
韓国財閥の誕生・形成と政経癒着問題

第1節　韓国財閥の誕生と成長過程

第1項　大韓民国誕生前の韓国財閥の起源

1．李氏朝鮮時代の商業活動と朝鮮総督府の役割

　李氏朝鮮時代の国民経済は困窮・逼迫しており国民の識字率も低く，朝鮮半島の商工業は，明治維新を経て産業近代化の下，社会インフラを整備して商工業が飛躍的に発達した大日本帝国に比べて著しく劣っていた[1]。例えば，韓国併合前の李氏朝鮮時代の商業活動は，日常生活品を物々交換する経済体制が中心であり，李氏朝鮮時代の商人で店舗を構えて商売を行っていたのは，大都市や港湾に店舗を構える僅かな商人だけであり，庶民は毎月・定期的に数回（5日に1回程度）開催される「場市（市場）」で日常生活に使用する必需品を購入していた。そして，李氏朝鮮後期において大都市や港湾で商業関連活動を行った者を「客主」と称するが，朝鮮半島の商業・流通における客主の存在は大きく，客主は客商から委託料（手数料）を受け取って商品委託を受け，さらに，客主は，旅閣等の宿泊施設の運営，短期金融・為替手形の決済等の金融業務，船舶や馬匹等の輸送手段の提供等の様々な商業活動を行っていたのである。

　また，韓国併合は，明治42（1909）年の第一次日韓協約の締結と明治43（1910）年の第二次日韓協約の締結を経て成立し，韓国合併後に「韓国統監府」を前身機関とする「朝鮮総督府」が設けられたが，朝鮮総督府には，政務総監，総督官房，総務部，内務部，農商工部，司法部等が設置され，内閣総理大臣を経由して朝鮮における行政，立法，司法の三権を掌握していた。そして，朝鮮

---

[1]　1910年併合時の朝鮮半島の住民識字率については，カーター・エッカート著，『日本帝国の申し子』に拠れば10%程度であり1936年には65%まで上昇したという見解もある。勿論，この数字は学術的に正確であるとは言い難いが，併合時の住民識字率は低いものであったと推測できる。

第 1 節　韓国財閥の誕生と成長過程　　11

総督府は，社会インフラの整備，教育政策と産業育成等の経済政策の面で一定の成果を挙げたと評価され，商業の発達と朝鮮商人の育成にも影響を与えた。例えば，南朝鮮西部の巨大地主である金一族が創立した京城紡織は，朝鮮総督

朝鮮総督府（著者撮影・1993年）

府が設立した朝鮮殖産銀行から金融支援を受けて大きく成長しており，朝鮮総督府が朝鮮半島における経済や商業の発達に大きな役割を果たしたことは事実である[2]。

2．朝鮮大地主を母胎とする民族系企業集団の誕生

韓国財閥は，韓国公正取引委員会（Fair Trade Commission）に拠れば，当初は，総資産4,000億ウォン（約400億円）の企業集団のことを指していたが，2002年には総資産2兆ウォン（約2,000億円）以上に基準が引き上げられ，2008年7月以後は総資産5兆ウォン（約5,000億円）以上に引き上げられ，そして，2016年9月には総資産10兆ウォン（約1兆円）以上に基準が上方修正されたのである。

また，韓国財閥の概念は，三井，三菱，住友等に代表される戦前日本の財閥に由来していることは明白であるが，創業家が自ら財閥総帥として企業経営の先頭に立っているという点において戦前日本の財閥とは異なる[3]。そして，韓国財閥は，図表Ⅱ-1に示すように，「戦前に生成された民族系企業集団」，「戦後に誕生した韓国財閥」，「新興韓国財閥」の三者に分類されるが，第一に，戦前に生成された民族系企業集団とは，三養社，和信商会，斗山（トゥサン）などに代表される創業者を大地主とする企業集団や日本人と共同事業を行っていた朝鮮商人のことであり，第二に，戦後に誕生した韓国財閥とは，現代（ヒュンダイ），三星（サムスン），ラッキー（LG），鮮京（SK）（サンヨン），双龍，及び韓国火薬（ハンファ）などの企業集団のことであり，第三に，新興韓国財閥とは経済成長期に急成長した大宇（テウ），栗山（ユルサン）等の企業集団のことである。

【図表Ⅱ-1】韓国財閥の変遷

---

(2) 木村光彦著，『日本統治下の朝鮮』（中央公論新社，2018年）71ページ。

まず，戦前に生成された民族系企業集団を代表する三養社と和信商会について検証し，次いで，斗山について検証したい。

　1919年，三養社の創業者である金性洙は，資本金100万円で京成紡績を設立して金融会社・商社・農場の多角化経営を行ったが，加えて，教育やマスコミ分野にも進出を図り，私学育成専門学校（現，高麗大学校）を設立し，東亞日報を所有した[4]。

　次いで，1926年，和信商会の創業者である朴興植は，資本金25万円で鮮一紙物産を設立し和信百貨店，和信チェーンストア及び和信貿易会社の多角化経営を行った[5]。戦前のソウルでは，日本人経営の丁字屋百貨店本店（現ロッテ百貨店），三中井百貨店本店（現ミリオーレ），三越百貨店京城店（現新世界百貨店本店），平田百貨店（現大然閣センター）と朝鮮人経営の和信百貨店が競業していた。

　一方，斗山は，創業者の朴承稷が1896年に化粧品事業等を興したことに始まる。その後，後継者（長男）の朴斗秉が，昭和麒麟麦酒（麒麟麦酒が，植民地支配時代に韓国に設立した現地法人）を買収し，東洋ビール（OBビール）を設立する。しかし，斗山は1990年代になるとインフラ関連事業へと事業転換を行い，現在，最古の韓国財閥である斗山は四代目に承継されている。

第2項　大韓民国建国後の韓国財閥の成長

1．現代・サムスン等の戦後誕生韓国財閥の登場

　現代の韓国財閥は，図表Ⅱ-2に示すように，太平洋戦争後に，韓国政府に引き継がれた日本人所有の帰属財産及び帰属事業体を基盤とするが，この帰属財産は当時の南韓総資産の約80％を占める莫大な資産であった[6]。例えば，大日本麦酒（サッポロビール・キリンビール）は，子会社の朝鮮麦酒に引き渡され

---

(3)　日本を代表する財閥である，三井家は，三井高利を家祖とし，江戸商家から創業し，呉服業，両替業へと事業規模を拡大させるが，明治以後は，創業家が自ら企業経営を行うのではなく，外部から三野村利左衛門や中川彦次郎などの有能な人材を招聘して企業経営を付託している。

(4)　池東旭著，『韓国財閥の興亡』（時事通信社，2002年）7・13ページ，及び李漢九著，『韓国財閥史』（ソウル大明出版社，2004年）34・36ページに詳しい。

(5)　池東旭・前掲注(4)14ページに詳しい。

(6)　韓国銀行編，『調査月報』11月号（1949年）87ページ。

14　第Ⅱ章　韓国財閥の誕生・形成と政経癒着問題

た。つまり，1948年の大韓民国設立に伴い，日本人所有の帰属財産及び帰属事業体は，李承晩政府との親密度に基づいて民間に引き渡されたのである。

　しかし，日本人所有の帰属財産の払い下げについては，政権担当者である李承晩政府の政治的判断が優先されたため，極めて少数の特恵財産所有者が生まれ，この財産の偏重的移行が韓国財閥を形成する契機となり，健全な資本主義の醸成を妨げることになったと評される[7]。

　また，日本人所有の帰属財産及び帰属事業体が大統領との政治的癒着により配分先が決定された事実は，韓国財閥の特徴的な経営手法である「婚脈」を形成する契機になったのである。

【図表Ⅱ-2】主要な帰属事業体の引受人

帰属事業体	引受人	所属	帰属事業体	引受人	所属
高麗紡績公社	白樂承	泰昌紡績	昭和キリンビール	朴斗秉	斗山
鮮京紡績	崔鐘健	鮮京	サッポロビール	閔徳基	朝鮮麦酒
東京紡織	金成坤	金星紡織	朝鮮酒造 郡山工場	姜正俊	白花醸造
旭絹織	金智泰	朝鮮絹織	森永製菓	成昌熙	東立産業
呉羽紡績	鄭載護	三護	森永食品	成昌熙	東立産業
朝鮮紡織	鄭載護	三護	朝鮮東芝	除相録 他	利川電機
郡是工業　大邱工場	薛卿東	大韓紡績	朝鮮油脂	金鐘喜	韓国火薬

（出所）朴炳潤著，『財閥と政治』（ソウル韓国良書，1982年）91-92ページを基に作成。

2．大宇・栗山等の新興韓国財閥の誕生と成長

　1950年当時，韓国社会は，政情不安な状態であり，1961年5月16日に5.16軍事クーデターが発生し，1961年5月19日に国家再建最高会議副議長の朴正熙は，不正蓄財処理基本要綱を発表（1961年6月14日制定）して，三星，開豊，ラッキー，東洋などの当時の10大財閥の財閥総帥が拘束されたが，政府は，当時の10大韓国財閥の資産を経済発展に活用することを目的として，10大韓国財閥の総帥を全財産の国家献納を条件として釈放したのである。

　その後，金宇中と同郷の慶尚道出身の朴正熙が大統領に就任するが，この

---

(7)　李海珠著，『東アジア時代の韓国経済発展論』（税務経理教会，2001年）131・110-112ページ。

朴正熙政権下で成長するのが，金宇中が創業した大宇財閥である。金宇中は，自身が勤務していた貿易会社の同僚社員や出身校の京畿高校の卒業生を集めて従業員5人で大宇実業を創業するが，この大宇実業は，従来の韓国財閥とは異なり創業者一族が経営支配するという組織ではなく，京畿高校の出身者を中心とする「学閥」を主体とする企業集団であった。そのため，大宇財閥は，創業家一族の血縁関係者ではなく，外部から優れた専門経営者を招聘することができたことにより短期間に韓国経済を代表する大財閥に成長するのである。

　加えて，大宇財閥が成長できた要因としては，海外からの借款を1年以上返済することができずに会社整理法の対象となり，銀行管理下に置かれている「不実企業」の経営を引き継ぐことで多角化を成し遂げ，政府から政策金融を引き出すことができたことも挙げられる。この大宇財閥の急速な成長については，「金宇中が，朴正熙の家族の家庭教師をした縁を最大限に利用して，多額の新規融資を条件として政府から多数の不良企業の引受を行うと共に，輸出支援策を採る政府から各種の特恵を受けることができたからである」[8]と説明される。

　また，この時期に第二の大宇と称されたのが栗山財閥であるが，栗山財閥は，1975年に，申善浩によりソウル大学工学部同窓生を中心として資本金100万ウォンにより創設された栗山実業に始まる。栗山財閥は，僅か数年間で，栗山建設（1976年設立），栗山海運（1977年設立），栗山電子・内蔵山観光ホテル・栗山製靴（1978年設立）を創設するが，1979年には1,523億ウォンという巨額負債を抱えて倒産し，経営陣が輸出用の低利の特別金融を悪用したという容疑をかけられて逮捕されている。

　ところで，朴正熙大統領は，1962年以来，第1次から第4次の「経済開発5か年計画」を実施するが，第1次及び第2次の経済開発計画時に，少数の特定財閥のみを対象として各種の特恵金融措置を講じると共に，重化学工業及び総合貿易会社に対する政府支援を行った。なお，朴正熙大統領の死去に際しては国葬が行われている。

　また，朴正熙政権は，民間企業の保護と育成のために民間企業の海外借款導入を対象とする「政府の支払保証制度」を設けて特定の財閥資本を支援した。

---

(8)　深川由紀子著，『韓国・先進国際経済論』（日本経済新聞社，1997年）112ページ。

16   第Ⅱ章　韓国財閥の誕生・形成と政経癒着問題

　しかし，この朴正煕政権の支援策は，特定の財閥資本と朴正煕政権との政治的癒着を示すものであり，図表Ⅱ-3に示すように，現代・大宇等の重化学工業への進出を促したのである[9]。

　その後，1990年代に入ると，三星等の韓国財閥は，企業経営の多角化を目的として銀行株式を所有し金融業にも積極的に進出し始めた。

【図表Ⅱ-3】韓国財閥の重化学工業への進出状況（1976年時点）

財閥名	進出した産業分野	株式保有の金融機関
現代	自動車，機関車，造船，建設用重装備，重機械，他	第一，韓一，ソウル，江原　他
大宇	自動車，機関車，造船，建設用重装備，重機械，他	―
三星	造船，重機械	朝興，商業，第一，平和，韓一，ソウ，新韓，大九，韓美，ハナ，ボラム，京機，全北，江原
LG	―	第一，韓一，ボラム

（出所）趙東成著，『韓国財閥』（ソウル毎日経済新聞社，1997年）189ページ，ペジンハン著，『国家と企業の民主的発展：韓国財閥を中心に』（忠南大学校出版部，2001年）54ページ，及び梁先姫稿，「韓国財閥の歴史的発展と構造改革」（四天王寺国際仏教大学紀要第45号，2008年）112・118ページ。

第2節　韓国財閥の財力と政経癒着問題

第1項　韓国財閥の資産規模と学縁・婚縁ネットワーク

　現在の韓国における十五大財閥とは，図表Ⅱ-4に示すように，37兆ウォンを超える資産規模を有する企業集団のことであるが，財閥間の資産格差が大きく，国有企業を除けば，第1位のサムスンと第15位の韓火では約9倍の格差がある。そして，韓国には，資産総額が5兆ウォン（約5千億円）以上の集団が65集団存在しているが，その企業集団には公企業13集団も含まれている。

　また，100兆ウォンを超える資産規模を有する企業集団である，サムスン，現代自動車，SK，LG，ロッテの五大財閥の韓国経済に対する影響力は強く，特に，韓国経済におけるサムスンと現代自動車の存在の大きさが目立つのである。

---

(9)　趙東成著，『韓国財閥』（ソウル毎日経済新聞社，1997年）112ページ。

第2節 韓国財閥の財力と政経癒着問題　17

【図表Ⅱ-4】韓国企業グループ資産ランキング〈2014年度・韓国公正取委員会資料〉

(単位：兆ウォン)

順位	企業集団	資産規模	順位	企業集団	資産規模
1位	サムソン	331	16位	KT	35
2位	韓国電力公社	187	17位	斗山（トゥサン）	30
3位	現代自動車	181	18位	韓国水資源公社	26
4位	韓国土地住宅公社	174	19位	新世界	25
5位	SK	145	20位	CJ	24
6位	LG	102	21位	韓国石油公社	23
7位	ロッテ	92	22位	韓国鉄道公社	22
8位	POSCO（ポスコ）	84	23位	LS	20
9位	現代重工業	58	24位	大宇造船海洋	18
10位	GS	58	25位	錦湖アシアナ	18
11位	韓国道路公社	54	26位	東部	18
12位	韓国ガス公社	42	27位	大林	16
13位	農協	41	28位	富栄	16
14位	韓進	40	29位	現代	14
15位	韓火	37	30位	OCI	12

(注) 企業集団のなかには，国有企業も含まれている。

　また，韓国社会におけるインフォーマル・ネットワークとしては，韓国陸軍士官学校出身者（以下，「陸士」とする），ソウル大学校，延世大学校，及び高麗大学校等の有力大学出身者により形成される「学縁（学閥）」が周知されている。

　この学縁（学閥）は，政治活動やビジネス活動において機能するインフォーマル・ネットワークであり，例えば，陸士卒業生は，崔圭夏大統領を除き，軍事クーデターで政権奪取した陸士2期の朴正熙大統領以後も，陸士11期の全斗煥大統領，陸士11期の盧泰愚大統領へと軍事政権が受け継がれ，韓国の財閥形成と政治・経済の発展に多大な影響を及ぼした。韓国財閥の成長に多大な影響を及ぼした朴正熙の経歴は，図表Ⅱ-5に示すように，満州国軍学校を経て日本国陸軍士官学校に留学編入している。そのため，大統領就任当初は，親日

【図表Ⅱ-5】 朴正熙の軍歴

年	軍歴
1937年	大邱師範学校を70人中69位で卒業し，慶北聞慶国民学校に3年間勤務する。
1940年	満州国軍軍官学校に240人中15位で入学する。
1942年	満州国軍軍官学校を首席で卒業し，日本国陸軍士官学校（57期）に留学編入する。
1944年	日本国陸軍士官学校を3位の成績で卒業し，満州国歩兵第8師団に配属される。
1946年	韓国国防警備隊士官学校（陸軍士官学校の前身）に入学（第2期）し大尉に任官する。

派の大統領が誕生したと見做されていたのである。

また，韓国財閥の婚縁とは，図表Ⅱ-6に示すように，大統領を中心として財閥，京畿道知事，及びソウル市長との婚姻関係に基づいて形成された財界を巡るインフォーマル・ネットワークのことであり，韓国財閥は「婚縁」を活用してビジネスを拡大させ，「政経癒着」問題を生じさせる原因となったのである。そして，この婚縁の背景にあるのは，父系血縁組織としての「本貫」とそれを母胎として族譜を刊行する「宗親会」の存在であり，閉鎖的な血縁関係を前提とした固定的な社会構造であると推測できる。そのため，韓国財閥のファミリービジネスに対しては，後進的な家族経営であり，国家の経済力が一部の財閥に集中しすぎたため，中小企業の健全な経済発展を妨げたという批判が生じた。

一方，韓国財閥に対しては，創業家ファミリーによる同族経営やトップダウ

【図表Ⅱ-6】 三大韓国財閥の婚縁ネットワーク（1991年当時）

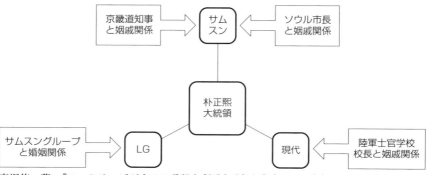

髙沢修一著，『ファミリービジネスの承継と税務』（森山書店，2016年）129ページ。

ン型のマネジメントを採用すると共に，韓国財閥系列下の企業が順送りに互い
に株式を保有するという特異な資本構造である「循環出資」を導入することに
よって，グループ内の団結力を高めながら1960年代から1970年代にかけて韓国
経済の発展に大きく貢献したという指摘も存在する。

　しかしながら，循環出資は，コーポレートガバナンスの視点から問題点を指
摘されると共に，韓国の大手財閥のカリスマ経営者の高齢化に伴う事業承継も
問題となっている。例えば，サムスングループは，李健熙会長が76歳で後継者
の李在鎔は49歳であり，現代自動車グループは，鄭夢九会長が80歳で後継者の
鄭義宣が47歳になっている。

第2項　官治金融・循環出資と政経癒着の弊害

1．官治金融が金融システム構築に与えた影響

　韓国経済を担っている韓国財閥は，第二次世界大戦後に誕生し，1950年から
1953年の朝鮮動乱を経て成長するが，政府が金融システムを管理するという
「官治金融」下で発展する。

　つまり，韓国の金融システムでは，1961年の「金融機関に関する臨時措置
法」に基づき民間銀行が民営化され，政府の開発計画を推進するための政策手
段として商業銀行が活用された。そのため，1960年から1990年代の韓国の金融
システムは，図表Ⅱ-7に示すように，通貨金融機関と非通貨金融機関の二者が
混在するという二重構造が常態化したのである。

　つまり，韓国の金融組織は，「通貨金融機関」と「非通貨金融機関」に大別さ
れ，前者は，中央銀行（韓国銀行）と預金銀行に区分され，預金銀行は一般銀
行（市中銀行・地方銀行等）と特殊銀行（韓国外貨銀行・中小企業銀行・国民
銀行・韓国住宅銀行・農業協同組合・水産業協同組合・畜産業共同組合）に区
分され，非通貨金融機関は，開発銀行，投資銀行，貯蓄銀行，保険銀行に分類
された。そして，2000年代を迎えると，韓国の金融システムは，二重構造から
脱却し預金取扱機関（中央銀行・その他預金取扱銀行）とその他の金融機関が
常態化する。

　しかし，官治金融という韓国政府が金融システムを通じて韓国財閥系企業を
管理・支配する経済構造は，民主的な資本主義経済に反する歪な形態であり，
この経済構造の歪みが韓国財閥における「循環出資」という財閥グループにお

20 　第Ⅱ章　韓国財閥の誕生・形成と政経癒着問題

ける特異な資本構成を生み出し，そして，循環出資が生起した韓国財閥という存在が，政治家に結びつくという「政経癒着問題」を発生させ，韓国経済の発展を妨げたのである。

【図表Ⅱ-7】韓国の金融システム（1960年代から1990年代）

韓国の中央銀行である韓国銀行（旧朝鮮銀行本店・現韓国銀行貨幣金融博物館）（著者撮影・2016年）

2．オーナー創業家の持ち株所有比率と事業承継

　従来，韓国財閥の複雑な「循環出資」については問題視されていたが，循環出資とは，「主要な系列企業が順送りに株式を持つ韓国財閥の特異な資本構造であり，創業家一族が少ない持ち株でグループを支配し，次の世代への相続に伴う税負担も軽くなる」[10]と説明される。例えば，韓国財閥は，図表Ⅱ-8に示すように，少数の持ち株でグループ支配を行っているが，オーナー家族の持ち株比率が高いのは，GS グループと新世界グループである。

【図表Ⅱ-8】韓国財閥上位グループの持ち株所有比率（2014年4月）

企業名	オーナー家族	系列企業	その他	合計
サムスン	0.99%	41.97%	2.70%	45.66%
現代自動車	3.75%	44.43%	1.01%	49.19%
SK	0.79%	62.56%	1.27%	64.62%
LG	3.89%	34.66%	5.72%	44.27%
ロッテ	2.24%	56.87%	0.34%	59.45%
現代重工業	1.49%	68.98%	3.10%	73.57%
GS	16.25%	41.99%	0.53%	58.77%
韓進	6.33%	37.91%	5.67%	49.91%
韓火	1.97%	54.20%	0.80%	56.97%
斗山（トゥサン）	3.55%	49.33%	5.83%	58.71%
錦湖アシアナ	1.67%	36.85%	1.99%	40.51%
STX	3.28%	53.62%	2.40%	59.30%
LS	4.53%	63.98%	3.91%	72.42%
CJ	7.73%	60.13%	3.43%	71.29%
新世界	16.82%	37.03%	0.03%	53.88%

（出所）日本貿易振興機構（ジェトロ）アジア経済研究所編，「『経済民主化』で注目される財閥オーナーの裁判」（2013年）3ページ。

　現在，韓国財閥では，オーナー家族の持ち株とグループ系列企業の持ち株を

⑽　日本経済新聞（2018年4月19日）参照。

合わせると内部所有比率が著しく高くなるため，この循環出資が企業統治を妨げていることは明白である。

　つまり，循環出資は，企業統治を不透明にすると共に健全な企業経営を妨げ，韓国財閥を主体とする韓国社会の経済格差を助長させている存在であると指摘できる。

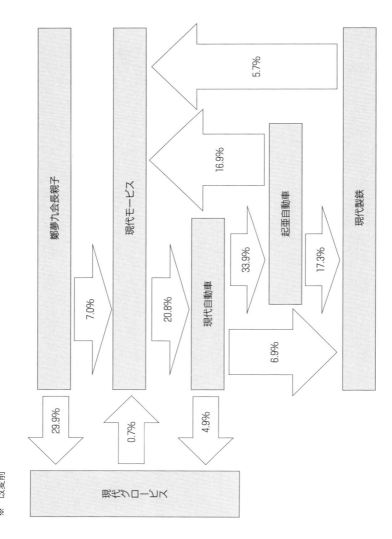

【図表Ⅱ-9】現代自動車グループの改変計画
※ 改変前

第2節　韓国財閥の財力と政経癒着問題　23

　また，韓国大手財閥は，創業家のカリスマ経営者の高齢化という経営問題にも直面しており，企業統治と事業承継の観点からも「循環出資」を解消しなければならない。そのため，現代自動車グループは，図表Ⅱ-9に示すように，グループ改編計画を検討している。例えば，現代自動車グループは，円滑な事業承継の実現を目指して，改編前の循環出資を廃止し創業家である鄭夢九会長

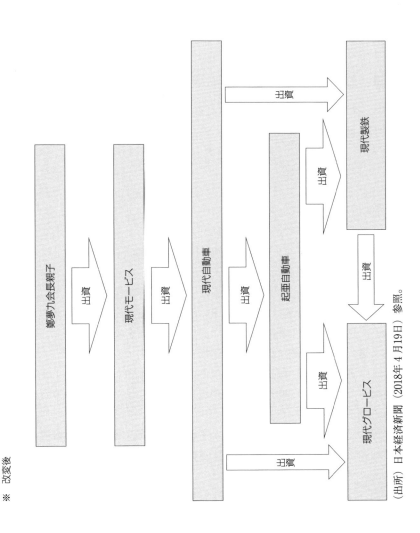

※　改変後

(出所) 日本経済新聞（2018年4月19日）参照。

24   第Ⅱ章　韓国財閥の誕生・形成と政経癒着問題

親子をグループの頂点として，自動車部品会社の現代モービスを２社に分割し，そのうちの１社をグループの中核会社として位置づけ，その系列下に，現代自動車と起亜自動車を置く改編を2018年５月に実施したのである。

　つまり，現代自動車グループは，グループの円滑な事業承継を実現することを目的として，鄭夢九会長親子を頂点とする組織体制の整備を行ったのであるが，2017年５月に発足した文在寅政権においては，公正取引委員会の金商作委員長が「循環出資」の改善を促しており，今後，サムスングループなどの韓国財閥においてグループ改編の動きが加速することが予測される。

第３節　歴代韓国大統領の政治改革と財閥改革

第１項　金大中・盧武鉉大統領によるコーポレートガバナンス改革

　金大中は，1997年の大統領選挙において，第一野党の新政治国民会議を率いていた与党のハンナラ党から出馬した李会昌を破り４度目の挑戦で第15代大統領に当選したが，当選後，金大中は，大宇財閥を解体し，現代財閥を再編し，公的企業８社を民営化し，外国人投資家に市場を開放し，政権発足３年半後の2001年に195億ドルを完遂しIMF体制から脱却を目指したのである[11]。そして，金大中は，図表Ⅱ-10に示すように，少数株主の権利を強化すると共に，取締役会の権限を強化する「コーポレートガバナンス改革」を断行した。

　また，金大中は，既述のように，様々な経済改革に成功するが，親族や側近の政治スキャンダルに巻き込まれ，清新なイメージを失墜させることになる。例えば，2002年に，国会議員である長男の金弘一が選挙資金絡みの不正である「陳承鉉ゲート」に連座し斡旋収賄罪により有罪判決を受け，さらに，次男の金弘業と三男の金弘傑も斡旋収賄罪で逮捕され罰金刑に処せられた。

　しかし，金大中自身は，脱税・不正事件に関与することがなかったため2003年に任期満了で大統領を退任し，2009年に死去した際には国葬が執り行われたのである。

　また，2002年の韓国大統領選挙では，ネチズン（盧武鉉の支持を表明したネット住民）の支持を受けた与党新千年民主党候補者の盧武鉉が当選する。

――――――――――――
(11)　辺真一著，『大統領を殺す国　韓国』（角川書店，2014年）165ページ。

第3節 歴代韓国大統領の政治改革と財閥改革　25

【図表Ⅱ-10】金大中大統領のコーポレートガバナンス改革の概要

（Ⅰ）1998年末まで
　①　上場法人の少数株主権行使要件は，株主代表訴訟提起が１％から0.01％に緩
　　　和され，取締役解任請求が１％から0.5％に緩和された。
　②　上場法人に対して社外取締役制度を導入し，98年末までに最低１名以上の社
　　　外取締役を設け，99年中に取締役の４分の１以上の社外取締役を設けることを
　　　定めた。
　③　企業集団の結合財務諸表を導入する。
　④　集中投票制を導入する。　　　　　　　　　　　　　　　　　　　　　　　他

（Ⅱ）1999年
　①　2000年中に，総資産２兆ウォン以上の大規模上場法人に対して，３名以上に
　　　社外取締役を拡大し，2001年以後に取締役の２分の１以上に社外取締役を設け
　　　ることに拡大した。
　②　監査委員会の設置を義務化した。
　③　社外取締役を選任する際に，候補推薦委員会の推薦を義務化した。
　④　銀行，資産２兆ウォン以上の証券会社等の大規模金融機関の支配構造を改善
　　　し，社外取締役数を拡大し，監査委員会設置を義務化した。　　　　　　　他

（出所）財政経済部資料及び高龍秀稿，「韓国のコーポレートガバナンス―資金調達・株主構
　　　造を中心に―」『甲南経済学論集』第50巻第１・２・３・４号（甲南大学，2010年）
　　　64ページ参照。

　しかし，盧武鉉は，慶尚南道の貧農の家に生まれ苦学して司法試験に合格し
た人権派弁護士であるため，軍事政権時代の大統領とは異なり軍部の支援があ
るわけでもなく大統領選の泡沫候補であった。そのため，盧武鉉は，与党内に
おいて多数派を形成する全羅南道出身の金大中グループの支持を得ることが
できず，自ら新党「ヨルリンウリ党」を結党して与党を割った。その結果，盧
武鉉は，2004年の大統領在任期間中に大統領弾劾訴追案を可決され大統領の職
務を一時停止させられた[12]。
　また，盧武鉉政権の政治施策としては「太陽政策」が挙げられるが，経済政
策としては2003年に，一定の出資総額制限企業集団を対象として，①所有支配
乖離度・議決権乗数，②単純出資構造，③支配構造模範企業における書面投票

────────────
⑿　前掲注⑾176-178ページ。

制・集中投票制・内部取引委員会・社外取締役候補推薦委員会のうちからの3つ以上の設置・運営，④持株会社という4つの卒業制度（要件）を課すという「コーポレートガバナンス改革」を断行している[13]。

ところで，出資総額制限は，韓国財閥の無制限な拡大の抑制を図るため，1986年に資産総額合計4,000億ウォン以上の大規模企業集団を対象として設けられた。つまり，財閥グループが取得することができる系列会社の株式数は，系列企業の純資産の40％以内（1994年に純資産の25％以内に改正される）に制限されたのである。但し，2002年，出資総額制限は，規制対象が資産規模5兆ウォン以上の企業集団に変更された。

第2項　2018年韓国税制改正法と文在寅大統領の財閥改革

文在寅大統領は，2017年5月10日の演説において，①雇用の創出，②財閥改革，③政経癒着の解消ということを述べており「財閥改革」に意欲を示した。

また，文在寅政権の経済政策は，図表Ⅱ-11に示すように，「①所得主導型成長，②雇用創出につながる経済建設，③公正な競争，④イノベーションを通じ

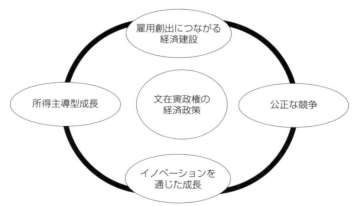

【図表Ⅱ-11】文在寅政権の経済政策

（出所）向山英彦稿，「文在寅政権下で韓国の財閥改革は進むのか」環太平洋ビジネス情報 RIM Vol. 181, No. 68（2018年），37ページ。

---

[13] 高龍秀稿，「韓国SKグループにおける持株会社を通じたグループ再編」『甲南経済学論集』第48巻第4号（2008年）67ページ。

た成長の４つの柱で構成されており，財閥改革は基本的に公正な競争のなかに位置づけられる」[14]と説明される。

そして，韓国財閥における財閥改革が求められている第一の理由としては，財閥への経済力集中に伴う弊害が挙げられる。例えば，30大財閥のなかでも，サムスン，現代自動車，SK，LG の四大財閥への集中が進行しており，30大財閥の資産総額の対 GDP 比が2002年の49.5％から2015年に90.4％と1.83倍に進んだのに対して，四大財閥の資産総額の対 GDP 比は33.3％から65.2％へと1.96倍に進み，特に，サムスンに9.4％から22.6％へと2.39倍となり，韓国四大財閥への経済力の集中が進行しているのである[15]。

そのため，文在寅大統領は，韓国財閥への経済力集中に伴う弊害の是正を目的として，財閥改革における手段として税制改革を断行したのである。

韓国では，2018年税制改正法が2017年12月19日に成立し（2017年12月５日に国会本会議で可決），図表Ⅱ-12に示すように，課税標準が3,000億ウォン（２億7,000万米ドル）を超過する法人税率区分が新設され，従来の22％から25％の法人税率に改正された。

【図表Ⅱ-12】法人税率の改正

	改正前の法人税率	改正後の法人税率
200億ウォン（1,770万米ドル）超から3,000億ウォン未満	22％	22％
3,000億ウォン（２億7,000万米ドル）以上	22％	25％

（注）上記の法人税額に対して10％の地方法人所得税が課される。

また，投資・共生協力促進制度（法人留保金課税制度）が改正され，図表Ⅱ-13に示すように税率が増加し，法人の内部留保金に対する規制が強化された。

つまり，2018年税制改正法により法人税率と投資・共生協力促進制度（法人留保金課税制度）が改正されたが，これらの税制改正は韓国財閥の企業経営にも影響を与えることになった。例えば，韓国の法人税が25％ならば，「10大企

---

(14) 向山英彦稿，「文在寅政権下で韓国の財閥改革は進むのか」環太平洋ビジネス情報RIMVol.181，No.68（2018年），37ページに詳しい。

(15) 前掲注(14)44ページ。

28 第Ⅱ章 韓国財閥の誕生・形成と政経癒着問題

【図表Ⅱ-13】法人留保金課税制度の改正

	改正前の投資・共生協力促進制度 (法人留保金課税制度)	改正後の投資・共生協力促進制度 (法人留保金課税制度)
課税方式（A）	{当該年度の調整課税所得×80％－ （投資＋賃金増加＋配当金等）}×11％	{当該年度の調整課税所得×（60％～ 80％）－（投資＋賃金増加等）}×22％
課税方式（B）	{当該年度の調整課税所得×30％－ （賃金増加＋配当金等）}×11％	{当該年度の調整課税所得×（10％～ 20％）－（賃金増加等）}×22％

（注）課税方式（A）と課税方式（B）の選択適用となる。
（出所）Japan tax alert 2018年1月25日（EY税理士法人）を基に作成。

業の負担は，1兆3,827億ウォン（約1,400億円）増す」と分析され，そして，
「最も負担が膨らむ企業はサムスン電子であり，法人税は13.5％（4,327億ウォ
ン・約450億円）増える」と分析されている[16]。既述のように，文在寅政権は，
財閥と非財閥との所得格差の解消を目指して，法人税に関する税制改正を実施
したが，この改正は韓国財閥の法人税の納税額を増加させることになり企業経
営にも影響を与えることが予測できる。

　一方，日本の安倍晋三政権は，生産性の向上を図ることを目的として，税金
の負担割合を20％まで引き下げることを検討している。この結果，日韓におけ
る大企業の法人税の負担割合は逆転することになり，韓国財閥の国際的競争力
を削ぐことになる。

　また，韓国の財界及びメディアは，2018年税制改正法について国際的な租税
競争（Harmful tax competition）に逆行する行為であると批判する。一般的に，
租税競争とは，自国の経済発展を目的として，「国内産業の国際的な競争力を
高めることにより国内資本の強化を図るか，又は，外国資本を瀬積極的に誘致
することにより海外からの直接投資の増進を図るために，当該国内の租税負担
を国際的水準よりも緩和させることである」[17]と説明される。例えば，アメリカ
は，2018年から連邦法人税率を現行の35％から21％に引き下げることを決定し
（10年間で1.5兆ドルの巨額減税が実現する），イギリスも，2020年までに法人

---

[16] 産経ニュース(https://www.sankei.com/premium/news/171227/prm1712270003-n3.html)
　　参照。

[17] C. Pinto（1998），"EU and OECD to Fight Harmful Tax Competition: Has the Right Path
　　Been Undertaken?", *Intertax*, Vol. 26. p. 386.

【図表Ⅱ-14】 各国の法人税率

国名	法人税率
フィリピン	30.00%
インドネシア・中国・韓国	25.00%
マレーシア	24.00%
日本	23.20%
ベトナム・タイ・台湾・カンボジア	20.00%
シンガポール	17.00%
香港	16.50%

国名	法人税率
フランス	33.33%（注）
ベルギー	29.95%
スペイン・オランダ	25.00%
イタリア	24.00%
アメリカ	21.00%
イギリス	19.00%
ドイツ	15.825%

（注）2020年までに25.0%まで引き下げられる予定である。
（出所）日本貿易振興機構（ジェトロ）を基に作成。

税率を現行の20%から17%に引き下げることを表明している。そのため，文在寅政権下の韓国の2018年税制改正法は，国際的な法人税減の潮流に反する税制改革であると指摘されている。

　そして，韓国財閥における財閥改革が求められている第二の理由としては，政経癒着の解消が挙げられるが，この「政経癒着問題」の原因となっているのは韓国財閥のファミリービジネスを形成するインフォーマル・ネットワークである。

　従来，韓国財閥のファミリービジネスを形成するインフォーマル・ネットワークとしては，韓国士官学校，ソウル大学校，延世大学校，及び高麗大学校等の「学縁（学閥）」の存在が注目されていたが，「学縁（学閥）」が，政治家，官僚，及び財界人等のホワイトカラーにおける人脈ネットワークであるのに対して，財界におけるインフォーマル・ネットワークの形成においては，「学縁（学閥）」よりも「婚脈」の比重の方が高く，韓国財閥を代表するサムスングループ，現代グループ，及びLGグループは，政治家，官僚，陸軍士官学校，及び財閥等を介して互いに婚姻関係を結びながら大統領とも縁戚関係を形成しているのである。

　しかし，政経癒着問題は，韓国財閥における粉飾決算及び不正会計の温床となっているのも事実であり，政経癒着問題の解決のためには，コーポレートガバナンスを確立させ，健全な企業会計を実施し法人税の納税を遵守し，利害関係者の支持を得られるような事業承継を行うことが求められるのである。

第Ⅲ章
韓国五大財閥の家族経営と事業承継問題

第1節　韓国財閥のファミリービジネスと事業承継

韓国における十五大財閥とは，図表Ⅱ-4に示すように，37兆ウォンを超える資産規模（2014年当時）を有する企業集団のことであるが，財閥間の資産格差が大きく第1位のサムスンと第15位の韓火（ハンファ）では約9倍の格差がある。

一般的に，韓国財閥とは，総資産額が5兆ウォン（約5千億円以上）の企業集団のことであるが，その企業集団には国有企業も含まれている。そして，韓国財閥ではファミリービジネスが行われているのである。

現在，ファミリービジネスの定義については明確なものが存在していない。そのため，本書では，「創業家一族が，企業経営に影響を及ぼせるような一定数の株式を所有すると共に，創業家一族が独自の経営理念に基づいて永続的に企業経営の中枢を占めている経営形態のことである」と定義したい。例えば，韓国財閥（企業グループ）は，図表Ⅲ-1に示すような創業家及びオーナー経営

【図表Ⅲ-1】韓国財閥の創業家

財閥（企業グループ）名	創業家	オーナー経営者名（2018年時点）
三星（サムスン）	李　家	李在鎔（イ ジェヨン）
現代（ヒュンダイ）自動車	鄭　家	鄭夢九（チョンモン グ）
SK	崔　家	崔泰源（チェ テ ウォン）
LG	具　家	具本茂（ク ボン ム）
ロッテ	辛　家	辛東彬（シンドンビン）（重光昭夫）
韓火（ハンファ）	金　家	金升淵（キムスンヨン）
韓進（ハンジン）	趙　家	趙亮鎬（チョヤン ホ）
CJ	孫　家	孫京植（ソンギョンシク）

者によって経営支配されている。

　また，韓国財閥のオーナー経営者は，他の韓国財閥や有力政治家及び高級官僚との間で姻戚関係を結ぶことにより「婚脈」を形成し，インフォーマルな「婚脈」を拠りどころとして「家族経営」と称される経営手法を行っている。但し，韓国財閥のファミリービジネスは，韓国財閥創業家と大統領等の政権担当者との間で行き過ぎた「政経癒着問題」を生み出している。

　つまり，韓国財閥においては，財閥創業家及び財閥総帥の企業経営における私物化も問題視されているのである。例えば，韓国財閥の総帥は二代目から三代目へと事業承継されているが，大韓航空（Korean Air Lines）が生起した「2014年・チョ・ヒョンア副社長（当時）のナッツ・リターン騒動」や「2018年・チョ・ヒョンミン専務（当時）のパワハラ問題」に代表されるように韓国財閥三世の不祥事が多発しており，韓国財閥のオーナー経営者の不透明な組織運営に対しても国民の間で批判が高まっている。一方，逆に，韓国財閥のファミリーによる同族経営とトップダウン型のリーダーシップに対しては，オーナー経営者の意思決定を迅速にマネジメントに反映させると共に，将来性の期待できる新分野に積極的に進出できる点で優れており韓国経済の発展に寄与したとの評価があるのも事実である。

　また，韓国財閥は，図表Ⅱ-8に示すように，創業家一族が少ない持ち株で財閥グループを経営支配しており，既述のような経営手法のことを「循環出資」と称するが，この循環出資は，創業家の所有する持ち株比率を少なくすることができ相続税の負担額を軽減する効果を有すると共に事業承継も容易にした。そして，この循環出資は，サムスン，現代自動車，SK 等の韓国大財閥ばかりでなく韓国遠洋漁業界を代表する存在である「思潮」グループや韓国即席麵業界の老舗である「オットゥギ」グループ等の韓国中堅財閥においても行われていたのである。

　しかし，循環出資がファミリービジネスにおける企業統治を不透明にすると共に健全な企業経営を妨げ，韓国財閥を主体とする韓国社会の経済格差を助長させていることも明白である。そのため，2017年5月に発足した文在寅政権においては，公正取引委員会の金商作委員長が韓国財閥に対してグループ内の「循環出資」の改善を促している。

第2節　サムスングループの成長と事業承継

第1項　三星商会の開業とサムスン電子の躍進

　サムスングループは，李秉喆（イビョンチョル）が1938年に大邱（テグ）において資本金3万円で創業した三星商会を端緒とする。その後，サムスングループは，1948年に李承晩（イスンマン）大統領の知遇を受けながらソウルにおいて三星物産公司を設立し，朴正煕（パクチョンヒ）政権下の1969年にサムスングループの中核企業となる三星電子工業（以下，「サムスン電子」とする）を設立して電子工業分野にも進出する。加えて，サムスングループは，旧三越百貨店京城店を事業承継し新世界百貨店を開業して流通業界にも進出し，韓国財閥を代表する企業集団に成長する。但し，1997年に，新世界グループ（2001年に，「新世界百貨店」から「新世界（シンセゲ）」に商号変更した）は，サムスングループから公式分離した。

　また，韓国企業525社の営業利益の合算額は，韓国取引所の発表（2017年1月から9月期連結決算の集計結果）に拠れば，120兆4,572億ウォン（約12兆円）と前年同期に比べて28％増加したが主力の半導体大手2社を除けば微増に留まった(1)。特に，韓国経済を牽引する存在であるサムスン電子は，図表Ⅲ-2に示すように，主力の半導体メモリーの営業利益が大幅に増え，連結売上高が前年比17％増加し連結営業利益も前年比92％増加している。そして，この数値は，韓国経済におけるサムスン電子の存在の大きさを示しているが，逆に，韓国経

【図表Ⅲ-2】韓国上場企業2017年1月〜9月期決算

（出所）日本経済新聞（2017年11月16日）参照。

---

(1)　日本経済新聞（2017年11月16日）参照。

済を牽引している産業分野が半導体のみであるという経営課題も示唆しているのである。

第2項　サムスングループの分裂と承継問題

　サムスングループは，創業者である李秉喆（イビョンチョル）の父と李承晩（イスンマン）大統領との交友関係を活かして成長するが，創業者の李秉喆が死去した際に，儒教文化を重視する韓国社会において極めて異例な事業承継を行い，李秉喆の長子ではなく第三子である李健熙（イゴンヒ）を事業承継者に選定したため，図表Ⅲ-3に示すように分裂した。

【図表Ⅲ-3】サムスングループの事業承継

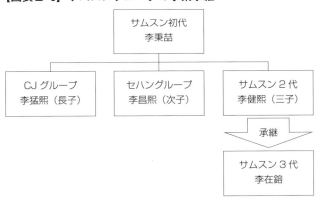

　ソウル中央地裁は，2017年2月17日に，朴槿恵（パククネ）大統領に賄賂を贈った容疑により，「犯罪事実が明らかであり，証拠隠滅の恐れがある」として，サムソン電子副会長の李在鎔（イジェヨン）に対する逮捕令状を出した。そして，ソウル中央地検は，図表Ⅲ-4に示すように，朴槿恵に対して，①朴槿恵が李在鎔から経営権継承を巡る支援要請の見返りとして賄賂を授受した点（収賄），②崔順実（チェスンシル）が事実上の支配を行っている二つの財団に対して寄付するように強制した点（職権乱用及び強要），③崔順実に政府人事案等の公文書を提供した点（公務上秘密遅漏），④CJグループ副会長に対する辞任要求をした点（強要未遂）等の容疑をかけたのである。この李在鎔の逮捕は，朴槿恵政権下における崔順実の国政不正介入事件の実態を解明することを目的としたものであるが，財閥総帥の逮捕はバイオ分野への進出を目指しているサムスンの企業経営に影響を与える可能性があ

る。さらに，サムスングループの企業経営においては，コーポレートガバナンス（Corporate Governance）の欠如を指摘できるのである。

【図表Ⅲ-4】サムスングループの政経癒着

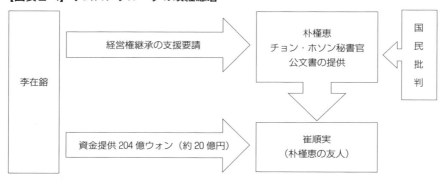

第3節　現代グループの成長と事業承継

第1項　現代建設の開業と現代グループの分裂

　現代（ヒュンダイ）グループは，鄭周泳（チョンジュヨン）を創業者とする。鄭周泳は，サムスングループ創業者である李秉喆（イ・ビョンチョル）が地主を生家として日本留学（早稲田大学）の経験を有するのとは対照的に貧農の家に生まれたため家出を繰り返しながら，京城の米屋に就職し1938年に米穀商（京一商会）を開業した。そして，鄭周泳は，大韓民国独立後の1946年にソウルで修理業を生業とする現代自動車工業社を開業し，翌年に現代土建社（現・現代建設）を開業し，朴正熙（パクチョンヒ）政権下で，高速道路，ダム，原子力発電所等の大規模プロジェクト建設を請け負うことにより事業を拡大させ1972年に造船業にも進出した。

　しかし，鄭周泳の死後，現代グループには，グループ総帥の座を巡る事業承継問題が発生し，図表Ⅲ-5に示すように，「現代」，「現代自動車」（現代一起亜自動車グループ），「現代重工業，」「現代百貨店」の4グループに分裂する。

　つまり，現代グループは，グループ創業者である鄭周泳の晩年に，子息たちによる事業承継争いが生じ，五男の鄭夢憲（チョンモンホン）が現代グループを承継したが，現代自動車，現代重工業，現代百貨店，現代海上火災保険などの主力企業が相次い

第 3 節　現代グループの成長と事業承継　35

【図表Ⅲ-5】現代グループの財閥分裂

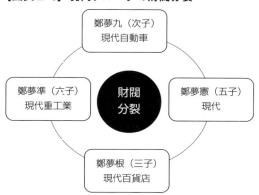

でグループから離脱・独立したため，韓国経済界における現代グループの影響力は大きく後退したのである。

　本来，現代グループは，一族の団結力の強い企業集団であったが，財閥分裂によりグループ力が低下した。分裂後，現代グループの本流は現代自動車に継承されることになるが，かつてサムスングループと並称されていた頃と比べると，図表Ⅲ-6に示すように，現代自動車とサムスンの間では資産総額や売上高で格差が生じている。

【図表Ⅲ-6】現代自動車とサムスンの財務分析（2016年4月）

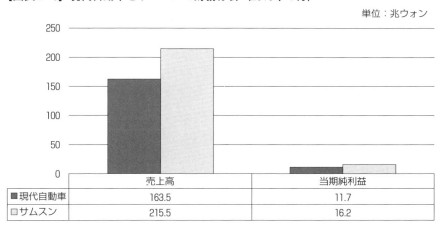

36　第Ⅲ章　韓国五大財閥の家族経営と事業承継問題

第2項　現代グループの金剛山観光事業の挫折

　現代グループ創業者の鄭周永は，金大中大統領の南北融和政策である「太陽政策」を受けて，北朝鮮の金正日総書記と会談して，9億4,200万ドルを観光料として支払う代わりに金剛山観光開発事業の独占的権利を取得し金剛山一帯を特別経済区に指定すると共に，「金剛山観光開発事業」を請け負って研究開発団地を造成することに合意した。

　1999年，現代グループは，鄭周永会長と金正日総書記の会談を受けて対北朝鮮事業専門企業である「現代峨山」を発足させた。この金剛山観光は，仏教の聖地であると共に景勝地であるため，観光解禁中の11年間の観光客が約195万人を数え人気の観光スポットとして韓国国民の注目を集めたが，韓国人の女性観光客が北朝鮮兵士に銃撃されて死亡したことを受けて観光事業が終了し，韓国側の資産も北朝鮮に没収されたのである[2]。この金剛山観光事業の挫折は，現代グループの中核企業であった現代建設を経営危機に陥らさせ，そして，現代電子産業のグループ離脱の要因ともなり，それまでの現代グループの安定した企業経営を脅かす結果になったのである。その後，金剛山開発は頓挫していたが，朝鮮半島新経済地図構築構想を打ち出した文在寅大統領は，平昌冬季五輪における南北朝鮮の急速な政治的接近を受け韓国経済の発展と活性化を目的として南北間の市場及び経済統合と開城工業団地における南北経済協力の再開を検討し始めている。

　また，現代グループには，グループ分裂後に，現代商船，現代エレベーター，現代証券などの僅かの企業しか残らず，さらに，財閥総帥の鄭夢憲に対する北朝鮮への不正資金送金疑惑が取り沙汰され，2003年，鄭夢憲は，北朝鮮への不正資金送金疑惑に関して検察からの取り調べを受け本社ビルからの投身自殺を図ったのである。そして，鄭夢憲の死後，妻の玄貞恩が現代グループの財閥総帥を承継したのであるが，玄貞恩ファミリーは，ペーパーカンパニーを活用したリースを巡る不正事件を生起させており，現代グループの企業経営は必ずしも万全の状態であるとはいえない。さらに，現代グループは，海運不況を受けて，その経済的補填のための2013年に韓国証券業界で資産規模第4位の現代証券を売却し金融業界から撤退を図り，事業計画の再生を目指したが，韓国財

---

(2)　西日本新聞（http://www.nishinippon.co.jp/wordbox/article/88）参照。

閥ランキング上位からも外れることになったのである。

第3項　現代自動車グループのオリンピック競技支援

　韓国財閥のスポーツ支援は，1988年のソウルオリンピックを端緒とする。韓国政府からの要請を受けて，韓国財閥の会長は，アーチェリー協会，ハンドボール協会，レスリング協会，馬術協会，卓球協会，射撃連盟等の競技団体の会長職に就き，競技支援を行ったのである。

　この韓国大財閥のオリンピック競技支援事業としては，現代自動車グループのアーチェリー競技への支援，サムスングループのレスリング競技への支援，SK グループのハンドボール競技への支援，そして，ハンファグループの射撃競技への支援が有名である。例えば，現代自動車グループは，鄭夢九会長が大韓アーチェリー協会の会長及び名誉会長を歴任し，現在も現代自動車副会長の鄭義宣が大韓アーチェリー協会の会長を務め，アーチェリー競技の振興を目的として30年以上にわたり380億ウォン以上の資金援助を行っている。その結果，韓国のアーチェリー競技は，2016年のリオオリンピックでは，韓国男女アーチェリー代表チームが個人戦・団体戦で4個の金メダルを獲得している。そして，この韓国アーチェリーチームの活躍を支えたのは，現地競技場と全く同一の練習場において一日中，練習を行うことができるという競技環境を提供した韓国大財閥の存在である。

　つまり，韓国スポーツ競技団体は，財閥からの資金援助を受けることができる団体と，資金援助を受けることができない団体とでは資金力の面で大きな格差が生じることになり，スポーツの世界においても韓国財閥の影響力が窺え，韓国のスポーツ競技，特にオリンピック競技は，韓国大財閥の支援により成立しているのである。

第4節　SK グループの成長と事業承継

第1項　鮮京からの社名変更と M&A の活用

　SK グループは，創業者の崔鐘建が，1953年に鮮京織物を母体企業として設立した繊維メーカーであり，その後，鮮京（1976年），SK 商事（1998年），及び SK グローバル（2000年）と社名を変更し，韓国第3位の資産規模を有する

企業集団に成長した。

また，SKグループは，1969年に鮮京合繊を設立して化繊事業分野に進出し，1973年に鮮京石油を設立し，1980年に大韓石油公社をM&A（merger & acquisition）して化学・石油事業分野に進出し，さらに，1994年に韓国移動通信をM&Aし，1997年に大韓テレコムをM&Aして携帯通信電話事業分野へと進出している。

現在，SKグループの中核を担う存在は，半導体分野で世界第4位の地位を占めるSKハイニックスであるが，2017年12月期決算に拠れば，SKハイニックスの連結営業利益は，図表Ⅲ-7に示すように，サムスン電子の連結営業利益4分の1を計上しているに過ぎない。

【図表Ⅲ-7】韓国半導体企業の比較

（出所）日本経済新聞社（2018年4月4日）参照。

第2項　持株会社によるグループ再編と承継問題

SKグループの総帥の座は，創業者の崔鐘建（チェジョンコン）から2代目総帥の座は崔鐘建の弟へと承継され，一時的に，崔ファミリー以外の出身である孫吉丞（ソンキルスン）が2代目総帥に就任したが，現在は，盧泰愚（ノテウ）元大統領の娘婿である崔泰源（チェテウォン）（崔鐘賢の長男）に継承されている。

2007年，SKグループは，グループに対する創業家の支配力を明確にし，ファミリービジネスを強めることを目的として図表Ⅲ-8に示すように，系列会社7社をグループの支配下におく持株会社によるグループ再編を行ったのであるが，このSKグループの持株会社によるグループ再編の特徴は，「総帥一族が持

【図表Ⅲ-8】持株会社によるグループ再編（2007年）

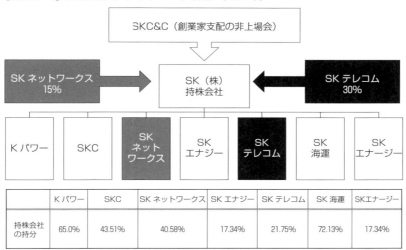

株会社を直接に支配するのではなく，一族が非上場企業のSKC&Cを支配しSKC&Cが持株会社の大株主となるという点と，持株会社であるSK（株）に対する内部所有比率が低いという点である」[3]と説明される。しかし，持株会社では，グループの中核会社であるSKネットワークスとSKテレコムが，持株会社に対してそれぞれ，15％と30％の株式を保有するという"循環出資"が行われており問題点が指摘されている。

第5節　LGグループの成長と事業承継

第1項　ラッキー金星からの社名変更と海外進出

　LGグループは，グループ創業者である具仁會（ク インフエ）が1931年に具仁會商会を設立したことに始まり，1947年に，具仁會は，許準九（ホ ジュング）（具家の婿）と共に，化粧品製造業の楽喜化学工業社（現・LG化学）を設立し，その後，1958年に金星社を創業し，1995年にLGエレクトロニクスに社名変更している。
　また，LGグループは，具本茂（ク ボンム）の3代目会長就任に際して，グループ名をラ

---
(3) 高龍秀稿，「韓国SKグループにおける持株会社を通じたグループ再編」『甲南経済学論集』第48巻第4号（2008年）11ページ．

40 第Ⅲ章 韓国五大財閥の家族経営と事業承継問題

ッキー金星（Lucky Goldstar）から LG グループに変更したが，これは，海外進出を意識したものであり，具家と許家による共同経営の決別とも考えられる。

2017年12月期において，LG グループの業績（連結営業利益）は好調であり，特に，LG 化学（2 兆9,284億ウォン）と，LG ディスプレイ（2 兆4,620億ウォン）が最高益を更新し，それぞれ，前期比47%，88%と伸長している。そして，LG グループ業績は，化学部門や電機・IT 部門のみならず，家電（白物）部門においても好調であり，サムスングループや現代自動車グループと同じように海外市場に積極的に進出している。

特に，インドにおける冷蔵庫及び TV 市場においては，図表Ⅲ-9・Ⅲ-10に

【図表Ⅲ-9】 インドにおける主要家電製品〔冷蔵庫〕シェア

冷蔵庫 順位	2013年		2014年		2015年	
	企業名	シェア	企業名	シェア	企業名	シェア
1 位	LG	24.2%	LG	24.2%	LG	24.2%
2 位	サムスン	23.2%	サムスン	22.8%	サムスン	22.6%
3 位	Godrej	12.5%	Godrej	12.3%	Godrej	12.6%
4 位	Whirlpool	12.1%	Whirlpool	12.2%	Whirlpool	12.5%
5 位	Videocon	8.8%	Videocon	8.6%	Videocon	8.4%
6 位	その他	19.2%	その他	19.9%	その他	19.7%

（出所）三菱東京 UFJ 銀行編，「インドのエレクトロニクス業界」『海外業界レポート』（2016年）参照。

【図表Ⅲ-10】 インドにおける主要家電製品〔TV〕シェア

T V 順位	2013年		2014年		2015年	
	企業名	シェア	企業名	シェア	企業名	シェア
1 位	サムスン	25.4%	サムスン	22.8%	サムスン	24.4%
2 位	LG	23.3%	LG	19.9%	LG	22.7%
3 位	ソニー	12.4%	ソニー	15.4%	ソニー	17.4%
4 位	Videocon	10.8%	Videocon	10.0%	Videocon	9.3%
5 位	Onida	5.1%	Onida	10.0%	Philips	5.0%
6 位	その他	23.0%	その他	21.9%	その他	21.2%

（出所）三菱東京 UFJ 銀行編，「インドのエレクトロニクス業界」『海外業界レポート』（2016年）参照。

示すように，LG グループとサムスングループの 2 社で約50％のシェアを占めている。例えば，冷蔵庫市場では，地元企業（Godrej・Videocon）と欧州企業（Whirlpool）が存在し，そして，TV 市場では，地元企業（Videocon），欧州企業（Philips），日本企業（ソニー）が存在するが，LG グループとサムスングループの強さが際立っている。

第 2 項　創業家共同経営の限界と GS グループの誕生

　LG グループは，創業家において財閥総帥の地位を巡る争いが多い韓国財閥のなかで，円滑な事業承継が行われている稀有な企業集団である。

　従来，LG グループでは，図表Ⅲ-11に示すように，儒教思想に基づく長子承継と，具家と許家の二家共同によるファミリー経営が行われてきた。つまり，LG グループは，"人和団結主義"を標榜して，家族関係を尊重するという韓国の伝統的な風習に基づいてグループ構成員の帰属意識を醸成したのである。そして，この LG グループのファミリー経営については，世代を超えて数多くの家族構成員が少しずつ株式を保有し，かつ経営に参与することによりグループの一体性を維持してきたと評されるが，グループ会長がすでに第三世代に入っており，経営に参加している両家の親同士が四親等，五親等離れるケースも生まれ，家族概念が日本よりも広く深い韓国とはいえども，これだけ親等が離れると家族としての一体感は希薄となり，共同でファミリー経営していくことに困難も生じてきたと説明される[4]。

　加えて，GS グループの創設には，人事面での活性化を図るという意義もある。なぜならば，LG グループの共同経営は，具家と許家の創業家から100人以上の理事を生み出しており，トップ人事が停滞するという経営上の問題点を現出させていたからである[5]。そのため，LG グループは，創業者一族に対して系列企業を分与するという緩やかな財閥分割を行ったのである。具体的には，1999年に，具家の直系家族に対して LG 火災を分与し，2000年に，具仁會の三男にアワホームを分与し，具仁會の四男に LG ベンチャー投資を分与し，2004年に，

---

(4)　安倍　誠稿，「韓国/通貨危機後のグループ再編　―LG の持株会社制度導入と系列分離」アジ研ワールド・トレンド No. 119（2005年 8 月） 6 ページ。

(5)　山根眞一稿，「韓国財閥と持株会社　―LG の持株会社化を事例として―」京都大学経済論叢第179巻第 5・6 号（2007年 6 月），28ページに詳しい。

【図表Ⅲ-11】LGグループの事業承継

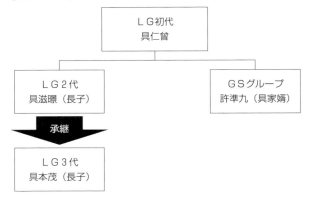

共同経営に終止符を打ちLGグループからGSグループを分離させたのである。

　すなわち，LGグループは"人和団結主義"という経営理念を実現することを目的として，現代グループのように創業家の承継争いに伴い財閥解体が急速に進行する前に，自らの意思で系列企業を創業者一族に分与するという緩やかな財閥分割を選択したのである。

第3項　LGグループの養子縁組による事業承継の可能性

　現在，LGグループ3代目の具本茂(クボンム)には実子の男系後継者が存在しないため，2018年の具本茂の死後に養子の具グァンモLG電子常務の承継が検討されているが，LGグループの承継には，創業家における"家長優先主義"という特徴が窺えるのである。特に，LGグループは，韓国財閥のなかでも儒教に基づく長子相続の意識が強い企業集団であり，二人の実子（娘）がいるのにもかかわらず，2004年に具本茂は具グァンモを養子に迎えている。

　但し，具グァンモがLGグループを事業承継する場合には，図表Ⅲ-12に示すように，具本茂が保有する株式を相続し，LG持株会社を用いてLGグループを支配することが求められ，約1兆ウォン（1,000億円）とも試算される多額の相続税の納税負担を背負うことになる。

第5節　LGグループの成長と事業承継　43

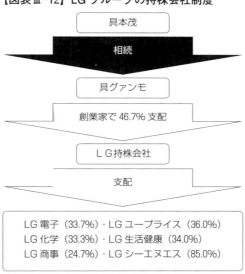

【図表Ⅲ-12】LGグループの持株会社制度

(注) カッコの中の数字は，LG持株会社の出資比率
(出所) 日本経済新聞 (2018年5月22日) を基に作成。

　つまり，養子制度は，有効な人的承継の手法であるが，伝統的な社会的身分と地位を示す「族譜」と「家門」の影響下にあり，封建的な父系血縁関係を重視する韓国社会において他家からの養子を迎えることは難しい。なぜならば，韓国では，父系血統の男子が先祖の祭祀を承継することを目的として，「養子縁組ハ男系ノ血族間ニノミ行ハレ男系ノ血族ハ常ニ同族ヲ称スルコトヲ以テ養子ハ依然トシテ本姓ヲ称ヘ之ヲ変更スルコトナシト雖モ常ニ養親ト同姓ヲ称スル」とする"同姓同本の血縁者養子縁組"が永年行われてきたからである[6]。
　近年，韓国社会では，図表Ⅲ-13に示すように，家族観が変化し血の繋がりを前提としない"異性の養子縁組"も容認され始めたが，創業家によるファミリービジネスを前提とするする韓国財閥において他家から養子を迎えることは

---

[6] 同姓同本の血縁者養子縁組の事例としては，同父兄弟ノ子（男），其他男系ノ血統タル従兄弟，再従兄弟，三従兄弟，四従兄弟等の子（男）が考えられる。
　(出所) 朝鮮総督府編著，「慣習調査報告書」(1912年) 275・320・326ページ。

44 第Ⅲ章 韓国五大財閥の家族経営と事業承継問題

【図表Ⅲ-13】 韓国家族法の主たる改正

年	改正内容
1960年	異性養子制度が廃止され，戸主制度と財産制度が分離された。
2000年	1997年の韓国憲法裁判所の違憲判決を受けて，同姓同本禁婚制度が確定した。
2005年	家族法改正により戸主制度が全面的に廃止された。
2008年	民法改正案が施行された。

【図表Ⅲ-14】 韓国と日本の相続制度の相違点

	韓国	日本
特徴	相続人の数による負担税額の変動はない。 相続税申告は相続人代表者によって行える。	相続人の数によって負担税額が変動する。 相続税申告は相続人全員によって行われる。
課税方式	賦課課税方式（自主申告制度併用）	申告納税方式
課税対象者	被相続人	相続人
納税義務者	相続人	相続人
民法の適要	被相続人が韓国籍ならば韓国民法の定めにより法定相続分が決まる。	日本民法によって法定相続人が決まる。

	韓国	日本
配偶者と直系卑属 （第1順位）	配偶者　　1.5 直系卑属　1.0	配偶者　　1/2 子　　　　1/2 （子の相続人の数によって按分）
配偶者と直系尊属 （第2順位）	配偶者　　1.5 直系卑属　1.0	配偶者　　2/3 直系尊属　1/3 （直系尊属の相続人の数によって按分）
配偶者と兄弟姉妹	配偶者単独相続	配偶者　　3/4 兄弟姉妹　1/4 （兄弟姉妹の相続人の数によって按分）
配偶者単独	全部	全部

（注）韓国民法の法定相続分に係る改正（妻の相続分を5割増ではなく1/2とする改正を含む）は，法務部（省）に政府案として上程したようであるが，現在のところ未だ公布施行されていない。

（出所）永田金司著，『韓国相続税実務詳解　日韓相続税法の交差』（法令出版，2014年）17・55ページを基に自己作成。

考えられないのである。そして，女性経営者がグループ総帥の座に就くことも，儒教文化の影響を受けて封建的な父系血縁関係を重視する韓国社会においては難しいのである。

なお，韓国の相続税計算は，図表Ⅲ-14に示すように日本の相続税計算との類似性が強い。

第6節　ロッテグループの成長と事業承継

第1項　在日コリアンの成功と韓国進出・財閥形成

ロッテグループは，在日コリアンの辛格浩（重光武雄）が韓国に設立した財閥であるが，韓国財閥のなかで後発の企業集団として位置づけられる。

創業者の辛格浩は，朝鮮慶尚南道蔚山郡に誕生して日本に留学（早稲田実業学校卒）するが，在日コリアン企業家（在日コリアン1世）を象徴する代表的な存在であり，1948（昭和23）年に株式会社ロッテを設立し，進駐軍のチューインガムに触発を受けてガムの製造を開始し，1960年代に，日本のガム市場の約70％を占めるまでに成長し日本国内で，ロッテ商事，ロッテリア，ロッテ不動産，ロッテ物産，及びロッテ会館等の多角化経営に乗り出す。

一般的に，日本に居住している在日コリアンは，韓国籍，朝鮮籍，帰化者，及びニューカマーにより構成され，韓国籍を有しながら日本に居住している韓国系企業経営者のことを「在日コリアン企業家」と称するが，在日コリアン企業家にみられる特徴は，日本国内において企業経営上の制約を受けるという厳しい経営環境から事業を始めながらも，新しい事業分野に積極的に進出していく企業家精神にある[7]。そして，ロッテ創業者の辛格浩は，企業家精神に基づきビジネスを成功させた在日コリアン企業家の代表的な存在である。

つまり，ロッテグループは，1967年に朴正煕大統領の支援の下，韓国にロッテ製菓を設立して韓国での投資を本格化させ，ロッテハム，ロッテ乳業，及びロッテ畜産等の食品関連企業を事業展開した。そして，ホテルロッテ（日本のロッテホールディングスが19.1％出資），ロッテショッピング等を事業展開する。

---

[7]　Bonacich, Edna (1973) "A Theory of Middleman Minorities" *American Sociological Review*, Vol. 38, pp583-594.

現在，ロッテグループは，図表Ⅲ-15に示すように，ロッテホールディングス（日本）と，韓国ロッテグループにより成り立っているが，前者には，ロッテ，ロッテ商事，ロッテリア，及び千葉ロッテマリーンズが所属し，後者には，ホテルロッテ，ロッテショッピング，ロッテ製菓，ロッテ化学，及びロッテカードが所属する。

【図表Ⅲ-15】ロッテグループの事業体

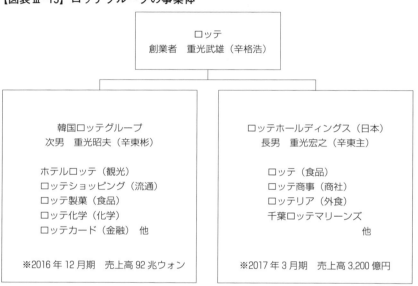

第2項　創業家の承継問題とグループの経営課題

　現在，ロッテグループは，日韓両国に経営拠点を有する大企業グループに成長しているが，2015年，日本ロッテホールディングスを統率する兄の辛東主（シンドンジュ）（重光宏之）とロッテグループ会長で弟の辛東彬（シンドンビン）（重光昭夫）の間で，創業者である辛格浩（シンキョクホ）を巻き込んだ創業家の内紛劇が発生し，辛東彬がその内紛劇を制してグループ経営権を掌握した。

　しかし，2018年2月13日，辛東彬は，ロッテが朴槿恵（パクネ）大統領側と友人の崔順実（チェスンシル）が関与する財団に70億ウォンの賄賂を提供したとして懲役2年6か月の実刑判決を受けた。そして，この辛東彬の実刑判決は，ロッテの創業家支配に影響

を与える可能性がある。なぜならば，辛東彬の身柄拘束を機会にして，承継問題で敗れた辛東主の経営復帰も考えられるからである。そして，ロッテグループの承継問題が長引くことは，観光，流通，食品等の消費者へのサービスを提供する企業にとっては，著しく企業イメージを低下させることになった。

また，ロッテグループは，新市場の開拓を目的として中国進出を目指し中国全土に112店舗のロッテマートを展開していたが，THAAD配備に際して土地を提供した責めを問われ，度重なる税務調査の対象にされると共に不買運動にも見舞われて業績を大きく低下させ，2017年に中国市場からの全面撤退を余儀なくされた。一方，ロッテグループは，経営的な視点から業績不振のロッテマートを中国市場から撤退させることを検討していたが，この機会を絶好のタイミングとして捉え中国市場からの撤退を図ったとも指摘できる。

つまり，ロッテグループは，図表Ⅲ-16に示すような①創業家の承継者問題，②日韓両国での事業体の維持，③中国市場からの撤退という経営課題を抱えているのである。

まず，辛東彬に対する実刑判決と逮捕は，グループ総帥の統率力の減退に繋がり承継問題にも影響を与えロッテグループのブランドイメージの毀損に繋がった。次いで，韓国ロッテの中核企業であるホテルロッテに対して，日本のロッテホールディングスが19.1％出資していることは，反日感情の対象とされる危惧を有している。そして，ロッテマートの中国市場からの完全撤退は，新市

【図表Ⅲ-16】ロッテグループの事業体

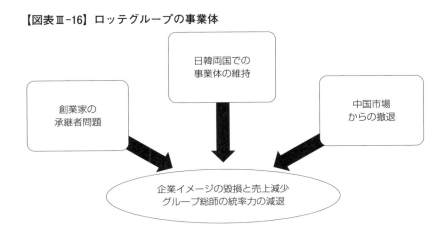

場の開拓というビジネスチャンスを喪失させたのである。

　すなわち，ロッテグループに求められることは，創業家の事業承継問題の解決であり，そして，日韓両国に跨るロッテグループのコーポレートガバナンス（Corporate Governance）の確立であり，中国市場に代わる新たな市場の獲得である。

第Ⅳ章
韓国財閥の企業ゾンビ化と血税支援問題

第1節　ゾンビ企業の識別と財務分析の基準
第1項　ゾンビ企業の定義と2つの識別方法

　ゾンビ企業については，明確な定義が統一されているわけではないが，本書では，「ゾンビ企業とは，超過債務のため企業再生の可能性がないのにもかかわらず，追加融資や金利減免等の金融機関からの支援によって再生している収益性の乏しい非生産的な企業のことである」[1]と定義したい。確かに，この見解は的を射たものであるが，韓国財閥の系列企業の場合には，図表Ⅳ-1に示すように，金融機関からの金融支援に加えて，韓国政府からの税制支援を受けている企業も存在する。

　つまり，企業ゾンビ化の要因としては，金融支援（追加融資・金利減免）と税制支援（血税投入）の2つが挙げられるのである。

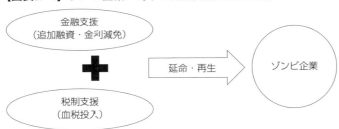

【図表Ⅳ-1】ゾンビ企業に対する金融支援と税制支援

　現在，ゾンビ企業の識別には2つの方法が存在する。例えば，ゾンビ企業の識別方法としては，Caballeroと星　岳雄が提唱した「期首の有利子負債残高と

---
(1) 星　岳雄稿,「ゾンビの経済学」, 岩本康志他編著,『現代経済学の潮流2006』（東洋経済新報社, 2006年）第2章に詳しい。

最低支払利息の関係に注目して、最低限支払うべき利息（最低支払利息）の理論値を算定し、実際の支払利息が最低支払利息を下回った場合には、ゾンビ企業として判定する」という方法である[2]。

しかし、ゾンビ企業の識別において、この判別方法を採用した場合には、金融機関からの追加融資を受けることにより本来の財務体質が劣悪であるのにもかかわらず、支払利息を支払うことができたならばゾンビ企業の判定から見逃されてしまう恐れもあり、必ずしも適切な識別方法であるとは言い難い。そのため、ゾンビ企業の識別方法としては、前述のCaballeroと星 岳雄が提唱した識別方法に加えて、「①営業損益＋受取利息配当金、②利払前税引前損益のいずれかが最低支払利息を下回るか否かによりゾンビ企業であるかどうかを識別する」方法を併用している[3]。

また、政府と金融機関が、本来であれば倒産している企業を「ゾンビ企業」として延命・再生させている理由としては、図表Ⅳ-2に示すように、積極的理由と消極的理由の二つが考えられる。例えば、積極的理由としては、韓国財閥との関係の深さに起因する「政経癒着」であり、消極的理由としては、「金融機関の不良債権の未処理」が挙げられる。

【図表Ⅳ-2】ゾンビ企業が生まれる理由

第2項　韓国財閥系列企業のゾンビ化の実態

ゾンビ企業の識別方法としては、簡便的に「利子補償倍率」や「負債比率」

---

(2) Caballero, Hoshii and Kashyap (2008), "Zombie Lending and Depressed Restructuring in Japan" *American Economic Review* pp. 1943-1977.
(3) 中村純一・福田慎一共稿、「いわゆる『ゾンビ企業』はいかにして健全化したのか」『経済経営研究』Vol. 28, No. 1, （日本政策投資銀行設備投資研究所、2008年）5ページ。

等を用いることもある。第一に，利子補償倍率とは，図表Ⅳ-3に示すように，営業利益を有利子負債の利子費用で除した財務指標のことであり，利子補償倍率が高いほど企業の債務返済能力が健全であり，利子補償倍率が低ければ企業の債務返済能力に問題が生じていると認識できる。

【図表Ⅳ-3】利子補償倍率の公式

利子補償倍率＝営業利益（本業の利益）÷有利子負債（金融機関等からの借入金）の利子費用

また，利子補償倍率が1倍未満の場合には，営業利益によって有利子負債の利子さえも返却できないことになり，この利子補償倍率が3年連続で1倍未満の場合には，「ゾンビ企業」と識別することができる。例えば，韓国財閥におけるゾンビ企業としては，図表Ⅳ-4に示すような企業が挙げられる。

【図表Ⅳ-4】代表的な韓国ゾンビ企業（2015年時点）

利子補償倍率	企業名	業種
0.81	エクサケム	石油化学
0.56	アシアナ航空	輸送
0.50	大韓電線	IT 電機電子
0.45	東部製鉄	鉄鋼
0.34	ハルラ	建設
0.19	ロッテ精密化学	石油化学
0.16	STX 重工業	造船・機械
0.16	LG シルトロン	IT 電機電子
0.15	SK 建設	建設
0.11	韓進海運	輸送
0.00	ISU 化学	石油化学
−0.37	STX 造船海洋	造船・機械
−0.42	CJ フードビル	飲食
−0.47	大成産業	エネルギー

−0.47	現代コスモ	石油化学
−0.50	韓進重工業	造船・機械
−0.57	アルファドームシティ	建設
−0.84	STX	商社
−0.95	現代商船	輸送
−1.05	斗山（ドゥサン）建設	建設
−1.90	東部建設	建設
−1.95	OCJ	石油化学
−1.99	大昌	鉄鋼
−3.51	慶南企業	建設
−3.68	LSネットワークス	生活用品
−4.64	ハンファ建設	建設
−4.83	斗山（ドゥサン）エンジン	造船・機械
−7.15	現代三湖重工業	造船・機械
−7.69	KCC建設	建設
−27.13	双龍自動車	自動車
−29.65	双龍建設	建設
−30.80	大宇造船海洋	造船・機械
−149.43	サムナム石油化学	石油化学

（出所）産経ニュース（https://www.sankei.com/world/expand/160603/wor1606030011-11.html）参照。

　第二に，負債比率とは，図表Ⅳ-5に示すように，負債（他人資本）を自己資本で除した財務指標のことであり，負債比率が低いほど企業の債務返済能力が健全であり，負債比率が高ければ企業の債務返済能力に問題が生じていると認識することができる。例えば，負債比率が100％以下の数値であれば優良企業であると認識でき，負債比率が101％から300％の数値が標準であり，負債比率が400％を超えると資本欠損となり企業再生が難しくなる。実際に，韓国財閥中位の東部グループは，数多くの系列企業が負債比率400％を超えゾンビ化している。

【図表Ⅳ-5】 負債比率の公式

負債比率＝負債（他人資本）÷自己資本

貸借対照表（B/S）

資産の部	流動資産	×××	流動負債 固定負債	××× ×××	負債の部 （他人資本）
	固定資産	×××	純資産	×××	資本の部 （自己資本）
	繰延資産	×××			

第2節　韓国財閥と韓国造船業界の関係

第1項　造船業界の建造量世界シェア

　韓国造船業界は，2015年度・船舶建造量世界シェアにおいて約38％を占めるが，韓国の造船業界を代表する企業としては，図表Ⅳ-6に示すような，「現代重工業」，「サムスン重工業」，「大宇造船海洋」，及び「STX造船海洋」の4社が挙げられる。

　また，韓国造船業界の売上高は，図表Ⅳ-7に示すような状態であり，そして，韓国造船業界上位3社の売上高は年々増加しているため順調に成長しているようにみえる。

【図表Ⅳ-6】 2015年度・船舶の建造量ランキング

単位：万総トン

順位	企業名	国名	竣工量
1	現代重工業	韓国	627
2	今治造船	日本	408
3	大宇造船海洋	韓国	365
4	現代三湖重工業	韓国	329
5	サムスン重工業	韓国	307
6	現代尾浦造船	韓国	245
7	JMU	日本	219
8	大連船舶重工集団	中国	205

（出所）日本経済新聞社・2017年5月5日参照。

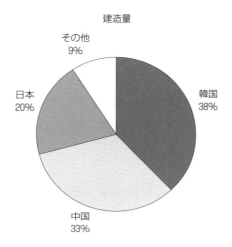

建造量

【図表Ⅳ-7】韓国造船業界の売上高比較

単位：億ウォン

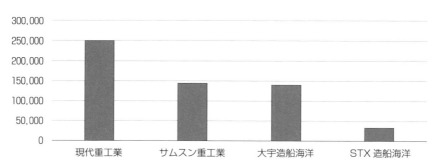

区分	2008年	2009年	2010年	2011年	2012年
現代重工業	199,570	211,421	224,081	250,196	250,550
サムスン重工業	106,644	130,949	130,539	133,917	144,894
大宇造船海洋	110,746	124,425	120,745	139,032	140,578
STX造船海洋	30,056	41,912	39,401	42,692	33,992

（出所）韓国造船業界大手4社ホームページを基に作成。

第2節　韓国財閥と韓国造船業界の関係　　55

　しかしながら，韓国造船業界大手4社の財務内容は必ずしも安定しているとはいえず，大宇造船海洋とSTX造船海洋の2社は経営破綻に陥っている。ところが，大宇造船海洋には血税支援が行われたのに対して，STX造船海洋の場合には，血税支援が行われることなく，2016年5月27日，同社はソウル中央地裁に法定管理の申請を行ったのである。

　2017年3月23日，韓国政府は，大宇造船海洋に対して債務の株式化を含む6兆7,000億ウォン規模の金融支援をまとめるが，韓国検察庁から粉飾決算に基づく不正会計の疑いをもたれている大宇造船海洋の救済を目的とした血税支援に対しての批判も多い。

　また，STX造船海洋は，図表Ⅳ-4に示すように，利子補償倍率が－0.37であるのに対して，大宇造船海洋の利子補償倍率は－30.80であり，本来であれば，利子補償倍率が低いSTX造船海洋を救済するべきであるのに，大宇造船海洋に対して金融支援や血税支援を実施している点にも韓国財閥と政界との間で何らかの癒着があったのではないかという「政経癒着問題」を指摘できるのである。

第2項　韓国造船業界の財務分析

1．現代重工業の財務内容

　現代重工業の収益性は，図表Ⅳ-8に示すように，売上高が年々増加しているにもかかわらず，営業利益及び営業利益率は，減少傾向を示しており収益性は

【図表Ⅳ-8】現代重工業の損益計算書　　単位：億ウォン

区分	2008年	2009年	2010年	2011年	2012年
売上高	199,570	211,421	224,081	250,196	250,550
売上総利益	31,450	31,447	47,448	38,476	28,123
営業利益	22,061	22,225	35,636	26,128	12,846
当期純利益	22,566	21,464	30,557	20,757	11,050
売上総利益率	15.758%	14.874%	21.174%	15.378%	11.224%
営業利益率	11.054%	10.512%	15.903%	10.443%	5.127%

（出所）現代重工業事業報告書を基に作成。
（注）売上総利益率（％）＝売上総利益÷売上高×100
　　　営業利益率（％）＝営業利益÷売上高×100

56　第Ⅳ章　韓国財閥の企業ゾンビ化と血税支援問題

【図表Ⅳ-9】現代重工業の貸借対照表　　　　　　　　　　単位：億ウォン

区分	2008年	2009年	2010年	2011年	2012年
現金及び現金同等物	6,674	19,212	18,538	16,099	11,076
短期借入金	—	5,853	31,149	72,122	75,825
長期借入金	153	51	328	22,898	37,587
負債総計	196,851	150,641	150,691	308,243	305,318
自己資本	55,952	110,086	154,514	181,765	187,413
負債純資産合計	252,803	260,727	305,205	490,008	492,731
自己資本比率	22.132%	42.222%	50.626%	37.094%	38.035%

（出所）現代重工業事業報告書を基に作成。
（注）自己資本比率（％）＝自己資本÷負債純資産合計×100

悪化している。そして，現代重工業の自己資本比率も，図表Ⅳ-9に示すように，20％〜50％の間で推移しており，安全性の面でも不安定な状態であり，加えて，短期借入金が年々増加傾向を示すという特徴も有している。特に，2008年には，皆無な状態であった短期借入金が2009年以後は増加しているが，この増加傾向は，キャッシュ・フローの悪化を防ぐことを目的としていると推測できる。つまり，現代重工業は，売上高において韓国造船業界首位の座を占めているが，財務内容に鑑みた場合には，必ずしも健全な財務内容であるとはいえないのである。

【図表Ⅳ-10】サムスン重工業の損益計算書　　　　　　単位：億ウォン

区分	2008年	2009年	2010年	2011年	2012年
売上高	106,644	130,949	130,539	133,917	144,894
売上総利益	10,878	11,391	13,782	17,633	19,351
営業利益	7,553	7,936	9,972	10,826	12,056
当期純利益	6,273	6,698	8,884	8,512	7,964
売上総利益率	10.200%	8.698%	10.557%	13.167%	13.355%
営業利益率	7.082%	6.060%	7.639%	8.084%	8.320%

（出所）サムスン重工業事業報告書を基に作成。
（注）売上総利益率（％）＝売上総利益÷売上高×100
　　　営業利益率（％）＝営業利益÷売上高×100

【図表Ⅳ-11】サムスン重工業の貸借対照表　　　　　　　　　　　単位：億ウォン

区分	2008年	2009年	2010年	2011年	2012年
現金及び現金同等物	3,839	5,466	4,216	8,055	9,289
短期借入金	2,581	16,832	13,381	5,848	12,469
長期借入金	1,735	5,812	1,862	996	5,442
負債総計	237,630	173,469	141,791	117,699	113,520
自己資本	23,241	28,405	38,163	46,439	52,829
負債純資産合計	260,371	201,874	179,954	164,138	166,349
自己資本比率	8.903%	14.070%	21.207%	28.292%	31.757%

（出所）サムスン重工業事業報告書を基に作成。
（注）自己資本比率（％）＝自己資本÷負債純資産合計×100

2．サムスン重工業の財務内容

　サムスン重工業の収益性は，図表Ⅳ-10に示すように，2008年の世界金融危機と，2011年の主要先進国の財政危機を受けても，売上高が年々増加させている。そして，サムスン重工業は，コスト削減に努めたため，韓国造船業界における競業相手に比較すると営業利益及び営業利益率等の収益性は高いと評価されている。しかしながら，サムスン重工業の短期借入金は，図表Ⅳ-11に示すように，キャッシュ・フローの悪化に伴い年々増加傾向を示しているため必ずしも安定した状態とはいえない。

3．大宇造船海洋の財務内容

　大宇財閥は，韓国第2位の大財閥であったが，大宇財閥の中核企業である大宇自動車の経営難を発端として解体の道を辿ることになり，その財閥解体の過程で財閥総帥の金宇 中 会長が43兆ウォンを持ち逃げして国外逃亡を図ったため，2006年に懲役10年と210億ウォンの罰金刑に処せられている。その後，大宇造船海洋は，大宇財閥を形成していた大宇重工業の造船部門が産業銀行を筆頭株主（31.26％の株式保有）として独立した。

　また，大宇造船海洋の売上高は，図表Ⅳ-12に示すように，2008年の11兆746億ウォンから2012年の14兆578億ウォンにまで増加しているにもかかわらず，営業利益率は2008年の6.762％から2012年の3.458％にまで低下しているが，この大宇造船海洋における売上高の増加と営業利益の減少については，「3年連続で100億ドル以上の受注を確保し，世界で最初に海洋部門受注が100億ドルを

58 　第Ⅳ章　韓国財閥の企業ゾンビ化と血税支援問題

突破するなど，新規受注の好調が造船部門の落ち込みをカバーした。しかし，営業利益は，2011年の半分以下に急減し，6,496億ウォンに留まったが，株式投資の減損処理，及び長期売上債券の貸倒引当金の設定ミスが収益下落の原因になった」[4]と説明される。

【図表Ⅳ-12】大宇造船海洋の損益計算書　　　　　　単位：億ウォン

区分	2008年	2009年	2010年	2011年	2012年
売上高	110,746	124,425	120,745	139,032	140,578
売上総利益	10,562	9,787	13,969	16,502	11,359
営業利益	7,489	6,845	10,110	10,612	4,862
当期純利益	3,420	5,775	7,801	6,864	2,218
売上総利益率	9.537%	7.865%	11.569%	11.869%	8.080%
営業利益率	6.762%	5.501%	8.373%	7.632%	3.458%

（出所）大宇造船海洋事業報告書を基に作成。
（注）売上総利益率（％）＝売上総利益÷売上高×100
　　　営業利益率（％）＝営業利益÷売上高×100

　一方，2008年から2012年までの売上高が増加しているのにもかかわらず，現金及び現金相当額は，図表Ⅳ-13に示すように減少傾向を示しキャッシュ・フ

【図表Ⅳ-13】大宇造船海洋の貸借対照表　　　　　　単位：億ウォン

区分	2008年	2009年	2010年	2011年	2012年
現金及び現金同等物	14,435	8,056	4,781	5,416	2,667
短期借入金	2,615	964	10,369	16,820	22,204
長期借入金	590	4,429	5,824	11,281	11,048
負債総計	72.419	118.787	101.335	121.576	115.679
自己資本	35.148	32.575	40.432	45.020	45.542
負債純資産合計	107,577	151,362	141,767	166,596	161,221
自己資本比率	32.672%	21.521%	28.520%	27.023%	28.248%

（出所）大宇造船海洋事業報告書を基に作成。
（注）自己資本比率（％）＝自己資本÷負債純資産合計×100

────────────
(4)　日本船舶輸出組合・一般財団法人日本船舶技術研究協会編著，「韓国船舶産業ファイナンス確保等の実態に関する調査」（2014年）83ページ。

第2節 韓国財閥と韓国造船業界の関係 59

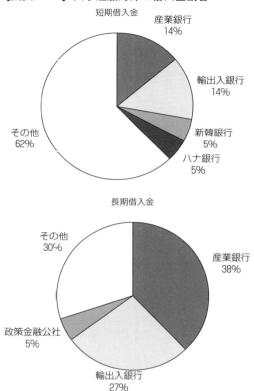

【図表Ⅳ-14】大宇造船海洋の借入金割合

（出所）大宇造船海洋事業報告書を基に作成。

ローも悪化している。そして，短期借入金及び長期借入金も図表Ⅳ-13に示すように増加しているが，現金及び現金同等物の不足を借入金により賄うという悪循環に陥っているのである。

　つまり，大宇造船海洋の企業財務は，自己資本比率が20％後半の数値で推移しており，他人資本を自己資本で賄うことが難しくなっており安全性の面で問題点を指摘できる。

　また，2012年度の大宇造船海洋の借入金は，図表Ⅳ-14に示すように，筆頭株主の産業銀行が主軸を担っており，短期借入金の融資割合が約14％を占め，長期借入金の融資割合が約38％を占めているが，2012年度は，流動性の確保を

60   第Ⅳ章　韓国財閥の企業ゾンビ化と血税支援問題

目的とする資金調達が増加し，無担保社債の拡大が目立つが，これは同社の財務安全性が悪化したことを意味する[5]。

　実際に，2012年度の公募社債発行状況は，図表Ⅳ-15に示すような状態であるが，2015年と2017年に満期日を迎える一般公募社債が多いため資金繰りが困難になった。加えて，CPの発行金額も，図表Ⅳ-16に示すように増大しているが，これは公募社債を補うための措置であると推測できる。

【図表Ⅳ-15】大宇造船海洋の公募社債発行状況　単位：億ウォン

債券種類	発行金額	表面金利	発行日	満期日
一般公募社債	3,000	3.50	2012. 11. 29	2017. 11. 29
一般公募社債	2,000	3.34	2012. 11. 29	2015. 11. 29
一般公募社債	2,000	3.52	2012. 07. 23	2015. 07. 23
一般公募社債	3,000	3.73	2012. 07. 23	2017. 07. 23

（出所）大宇造船海洋事業報告書を基に作成。

【図表Ⅳ-16】大宇造船海洋のCP発行状況　　　　単位：100万ウォン

区分	2008年	2009年	2010年	2011年	2012年
CP発行金額	0	3,731	3,731	100,000	700,000

（出所）大宇造船海洋事業報告書を基に作成。

4．STX造船海洋の財務内容

　STX造船海洋の前身は，1962年に釜山影山で創業された「大韓造船鉄工所」であるが，同社は，アジア通貨危機の影響を受けて経営破綻し，2001年にSTX造船として再創業され，2009年にSTX造船海洋に社名変更している（2003年に株式上場する）。

　その後，同社は，2014年に上場廃止となり，2016年5月27日，ソウル中央地裁に法定管理（会社更生法適用に相当する）を申請したが，同社の経営悪化は2012年の財務諸表から推測できる。なぜならば，同社の売上高は，2011年に4兆ウォンと一時的に回復傾向を示すが，原材料費の高騰を受けたため営業利益は売上高の増加に比べてさほど増加しておらず，逆に，翌2012年を迎えると，STX造船海洋の売上総利益，営業利益，及び当期純利益は，図表Ⅳ-17に示す

---

(5)　前掲注(4)104ページ。

ように，マイナスの数値を示し赤字に転落しているからである。また，同社の自己資本比率は，図表Ⅳ-18に示すように，2012年になると10％を割り，内部留保金も減少し財政面で悪化している。

この同社の業績悪化の理由については，中国，韓国，日本の三国が世界的な規模で受注競争を展開するなかで，安価を提供する中国企業に対抗することができなかったことが挙げられるが，加えて，攻撃的経営手法にも問題があったと指摘できる。例えば，同社は，大連に，「STX 大連造船海洋総合生産基地」を設立することにより，鎮海，釜山，中国大連，ノルウエー・フィンランド（STX ヨーロッパ）という「グローバル生産3軸」を完成させると共に，世界

【図表Ⅳ-17】STX 造船海洋の損益計算書　　　　　　単位：億ウォン

区分	2008年	2009年	2010年	2011年	2012年
売上高	30,056	41,912	39,401	42,692	33,992
売上総利益	1,602	1,722	2,653	1,831	▲3,117
営業利益	944	987	1,855	1,038	▲4,001
当期純利益	430	▲1,556	753	▲197	▲6,316
売上総利益率	5.330%	4.108%	6.733%	4.288%	—
営業利益率	3.140%	2.354%	4.708%	2.431%	—

（出所）STX 造船海洋事業報告書を基に作成。
（注）売上総利益率（％）＝売上総利益÷売上高×100
　　　営業利益率（％）＝営業利益÷売上高×100

【図表Ⅳ-18】STX 造船海洋の貸借対照表　　　　　　単位：億ウォン

区分	2008年	2009年	2010年	2011年	2012年
現金及び現金同等物	1,967	4,032	2,167	1,364	4,237
短期借入金	2 615	11,707	11,122	22,747	22,623
長期借入金	589	550	—	9,154	6,657
負債総計	72.419	65,202	50,340	117,332	121,970
自己資本	13,754	11,026	16,980	17,077	13,148
負債純資産合計	86,173	76,228	67,320	134,409	135,118
自己資本比率	15.960%	14.464%	25.222%	12.705%	9.730%

（出所）STX 造船海洋事業報告書を基に作成。
（注）自己資本比率（％）＝自己資本÷負債純資産合計×100

造船メーカーとしては，創めて一般商船，旅客船，海洋プラント，軍艦の造船
4部門全船種を全て生産できる能力を備えたが，一方で，急激な成長により資
金力の面で問題を生じさせたのである[6]。

第3項　韓国造船業界への政府対応

1．大宇造船海洋に対する血税支援

2016年，韓国検察腐敗犯罪特別捜査団は，大宇造船海洋の粉飾決算の摘発を
目的として，大宇造船海洋の本社と玉浦造船所等の家宅捜索を行った。なぜな
らば，前述したように，大宇造船海洋の財務内容を分析すると，2008年から
2012年まで売上高が増加しているのにもかかわらず，5年連続で営業利益率が
減少し続けると共に，現金及び現金相当額も減少し，さらに，キャッシュ・フ
ローも悪化するという逆現象を示しているからである。そして，韓国検察腐敗
犯罪特別捜査団は，「大宇造船海洋は，追加建造費用を『今後受け取る資金（未
請求工事）とする』ことによって，損失を売上と利益に化けさせた」[7]と推測し
ている。

また，2017年3月23日，韓国政府は，粉飾決算による不正会計を疑われてい
る大宇造船海洋に対して債務の株式化を含む6兆7,000億ウォンの金融支援を
まとめた。

但し，この血税支援に対しては，韓国世論だけではなく，日本政府からも経
済協力開発機構（OECD）造船部会において，「市場から退出すべき企業が公
的支援で生き残れば，公正競争が阻害される」[8]と問題提起されている。既述の
ような大宇造船海洋への血税支援のケースは，大宇造船海洋という韓国の一企
業の救済という枠組みを超え，国際的な規模で造船業界に対して危機をもたら
す可能性を有していると認識しなければならない。

つまり，造船会社に対する公的支援では，公正な企業競争が担保として求め
られることになる。しかし，韓国政府は，韓国財閥及び韓国企業に対して，法
人税の減税という優遇税制を適用し，韓国政府が世界経済のグローバル化のな

---

(6)　東亜日報（http://Japanese.donga.com/List/3/all/27/413310/1）参照。

(7)　中央日報（http://japanese.joins.com/article/686/216686.html）参照。

(8)　日本経済新聞（http://www.nikkei.com/article/DGXKZO10577710S6A211C1EA1000/）
　　参照。

かで韓国財閥の国際的競争力を醸成するという国策を講じ，韓国財閥が獲得した資金（外貨）を拠りどころとして国家財政を確立するという国家戦略が展開しているのである[9]。

2．STX 造船海洋の法定管理申請

STX 造船海洋の経営破綻では，大宇造船海洋のケースとは異なり血税支援が行われることなく，2016年5月27日，同社はソウル中央地裁に法定管理の申請を行った。この両社の明暗については，韓国政界との癒着の差にあるのではないかと推測できる。例えば，大宇造船海洋の経営陣は，2004年から60人の政界関係者が大宇造船海洋の顧問，諮問役，及び相談役の職に就き平均8,800万ウォンの報酬（年俸）を得ており，そして，これらを監視しなければならない立場にある社外理事も天下りであり，社外理事の約40％が政界にかかわった人材であったと報告されている[10]。

つまり，韓国大財閥を出自としないSTX 造船海洋は，韓国政界との関係が希薄であるため，血税支援を受けることができなかったのではないかと推測できる。

第3節　韓国財閥と韓国半導体産業の関係

第1項　半導体産業の売上高世界ランキング

現在，韓国経済は，「パラダイム転換期」と称される構造改革の時期を迎えているが，韓国経済がパラダイム転換期を迎えている理由としては，「高度成長を続けてきた韓国が，経済成長率の低下，経済成長率の4倍を超える家計負債の増加，輸出の減少，民間消費の下落，高齢化社会への早期進入など，典型的な成熟国家の段階に入っている」ことが挙げられる[11]。

但し，韓国半導体産業は，韓国経済の失速状況のなかでも好調を保持している。例えば，2016年半導体売上高ランキング（2016年度）は，図表Ⅳ-19に示す

---

(9) 髙沢修一著，『近現代日本の国策転換に伴う税財政改革』大東文化大学研究叢書35（大東文化大学経営学研究所，2017年）153ページ。

(10) 中央日報（http://japanese.joins.com/article/686/216686.html）参照。

(11) 尹在男稿，「構造改革の必要に迫られる韓国経済」『知的資産創造』2016年10月号，116ページ。

ように，インテルが前年比4.5%増の539億9,600万米ドルの売上高を計上し，25年連続で半導体売上高ランキング第1位の座を占めたが，韓国半導体メーカーである，Samsung Electronics（以下，「サムスン電子」とする）も前年比6.1%増の401億4,300米ドルの売上高を計上し，そして，SK Hynix（以下，「SK ハイニックス」とする）も142億6,700米ドルの売上高を計上しており，これらの数値から半導体分野における韓国半導体メーカーの存在の大きさが窺える。

現在，韓国の財政・経済は，サムスングループ及び SK グループ等の韓国財閥が担っているが，サムスン電子と SK ハイニックスは，それぞれ，両グループの中核的存在である。しかし，サムスン電子と SK ハイニクスでは，売上高において約3倍の差があり，世界シェアにおいても大きな差があるため，サムスン電子が韓国半導体産業の屋台骨を背負っている存在であると認識できる。

【図表IV-19】半導体売上高ランキング（2016年度）

売上高単位：百万米ドル

順位	会社名	2016年売上高	対前年成長率	シェア
1	インテル（米国）	53,996	4.5%	15.9%
2	サムスン電子（韓国）	43,143	6.1%	11.8%
3	クアルコム（米国）	15,351	▼4.5%	4.5%
4	SK ハイニックス（韓国）	14,267	▼12.9%	4.2%
5	ブロードコム（米国）	13,149	152.1%	3.9%
6	マイクロン・テクノロジー（米国）	12,585	▼8.9%	3.7%
7	テキサス・インスツルメンツ（米国）	11,776	2.1%	3.5%
8	東芝（日本）	10,051	9.7%	3.0%
9	NXP セミコンダクターズ（欧州）	9,170	40.1%	2.7%
10	メディアテック（台湾）	8,697	29.7%	2.6%
―	その他	150,499	―	44.2%

（出所）米国 Gartner（ガートナー）市場調査を基に作成。

第2項 韓国半導体産業の経営環境

1．韓国半導体産業の形成過程

韓国半導体産業の成長要因は，図表IV-20に示すように，韓国政府，日本企業，

及びサムスングループに代表される韓国財閥の三者の関係から説明できる[12]。

但し，韓国半導体産業とその産業基盤となった韓国電子産業の誕生及び成長の時期については，明確に区分することが難しい。そのため，本書では，韓国電子産業及び韓国半導体産業の誕生と成長の時期を，第Ⅰ期（1966年から1976年頃まで），第Ⅱ期（1977年から1999年頃まで），第Ⅲ期（2000年以降）に区分して説明する[13]。

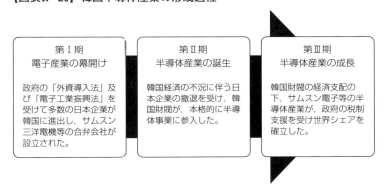

【図表Ⅳ-20】 韓国半導体産業の形成過程

まず，第Ⅰ期では，韓国政府の行政指導が強く機能し，韓国政府の政策に基づき「外資導入法」及び「電子工業振興法」が制定されたことに伴い，多くの日本企業が租税減免及び電子工業専門団地における特恵措置等の恩恵を求め韓国に積極的に進出してきた。例えば，サムスングループは，韓国財閥を代表する企業集団であるが，創業者の李秉喆（イ ビョンチョル）が1938年に大邱（テグ）において資本金3万円で三星商会を設立し，1948年に李承晩（イ スンマン）大統領の知遇を受けてソウルにおいて三星物産公司を設立する。そして，サムスングループは，朴正熙（パクチョンヒ）政権下の1969年に三洋電機の井植歳男会長の助言に基づき，合弁会社「サムスン三洋電機」

---

[12] 服部民夫著,『韓国の経営発展』（文眞堂，1988年），服部民夫著,『東アジア経済発展と日本』（東京大学出版会，2007年），及び宋娘沃著,『技術発展と半導体産業―韓国半導体産業の発展メカニズム―』（文理閣，2005年）等に詳しい。

[13] 宋・前掲注[12]57ページ，及び金基烈稿,「韓国IT産業の発展要因に関する諸説検討―半導体産業を中心として―」環太平洋圏経営研究第13号（桃山学院大学，2012年）57-60ページに詳しい。

（出資比率／サムスン50％・三洋電機40％・住友商事10％）を設立し，1970年に合弁会社「サムスンNEC」（出資比率／サムスン60％・NEC40％）を設立して電子産業に進出した。

　次いで，第Ⅱ期では，オイルショックに伴う韓国の経済不況を受けて，日本企業が韓国から次々と撤退したため，韓国電子産業及び韓国半導体産業の担い手が，日本企業から韓国財閥へと移行し，1977年に，サムスングループは，韓国半導体を買収し半導体産業に本格的に進出した。また，1983年に，サムスン電子に次いで，韓国半導体産業第2位の現代電子産業（「ハイニックス」に社名変更）が設立された。

【図表Ⅳ-21】 半導体売上高によるランキング推移

順位	1989年	1995年	2000年	2005年
1	NEC（日本）	インテル（米国）	インテル（米国）	インテル（米国）
2	東芝（日本）	NEC（日本）	東芝（日本）	サムスン電子（韓国）
3	日立製作所（日本）	東芝（日本）	NEC（日本）	TI（米国）
4	モトローラ（米国）	日立製作所（日本）	サムスン電子（韓国）	東芝（日本）
5	TI（米国）	モトローラ（米国）	TI（米国）	STマイクロエレクトロニクス（欧州）
6	富士通（日本）	サムスン電子（韓国）	STマイクロエレクトロニクス（欧州）	ルネサステクノロジ（日本）
7	三菱電機（日本）	TI（米国）	モトローラ（米国）	インフィニオンテクノロジーズ（欧州）
8	インテル（米国）	富士通（日本）	日立製作所（日本）	フィリップス（欧州）
9	松下電子工業（日本）	三菱電機（日本）	インフィニオンテクノロジーズ（欧州）	ハイニックス（韓国）
10	フィリップス（欧州）	現代（韓国）	マイクロンテクノロジー（米国）	NECエレクトロニクス（日本）

（出所）米国Gartner（ガートナー）市場調査を基に作成。

そして，第Ⅲ期では，韓国財閥の経済支配の下，サムスン電子等の半導体産業が，図表Ⅳ-21に示すように，政府からの経済的支援を受けながら世界シェアを確立する[14]。当初，サムスン電子は，NEC に対して半導体技術の提携を打診するが，NEC 側の拒否を受けて，独自の技術開発に取り組み64KDRAM 及び256KDRAM の開発に成功するのである。その後，サムスン電子は，1993年に東芝との間でフラッシュメモリの共同研究を行い，1994年からは，NEC との間で256MBDRAM の研究データの交流を行っている。また，2001年，韓国半導体産業第2位に位置する現代電子産業がハイニクスに社名変更するが，経営不振が続いていたハイニクスは，韓国政府の指導の下，2001年から2002年まで金融機関から資金援助を受けたが，WTO 法に規定する「違法な輸出補助金に相当する資金援助である」と批判された。その後，ハイニックスは，2012年に現代グループから分離し，韓国財閥の通信大手である SK グループ傘下に入り「SK ハイニックス」に社名変更した。

2．韓国半導体産業に対する税制支援

　韓国半導体産業に対する税制支援効果としては，図表Ⅳ-22に示すように，①技術開発促進法に基づく「技術開発準備金損金算入制度」，②租税減免規制法に基づく「研究及び人材開発のための設備投資税額控除」，③償却制度における「法定耐用年数の差異」が挙げられる。例えば，技術開発準備金損金算入制度とは，「新規の技術開発や導入技術の改良，技術者・研究者の訓練，研究設備投資など技術開発活動に関連して計画された投資額を支出前にあらかじめ準備金として積み立て，法人税の非課税対象である損金に計上できる」[15]という制度のことである。なお，準備金の損金算入限度額は，当該年度売上額の3％である。第二に，研究及び人材開発のための設備投資税額控除とは，「研究試験用や職業訓練用の施設，新技術の事業化を目的とした設備や資産などに対して設備投資を行う場合，投資額の7％を上限として法人税または所得税から控除できる」[16]という制度のことである。第三に，実務的に，半導体製造装置の耐用年数は4年と日本の5年に比べて短いが，耐用年数が短いということは，

---

(14)　宋・前掲注(12)161-162ページ。

(15)　渡辺雄一稿，「韓国主要産業に対する税制支援効果の検証」『韓国主要産業の競争力』（日本貿易振興機構アジア経済研究所，2008年）192ページ。

(16)　前掲注(15)193ページ。

68 第Ⅳ章 韓国財閥の企業ゾンビ化と血税支援問題

「毎期の設備投資額が増えるため，キャッシュ・フローに対して大きくプラス
の影響を与えることになり，その結果，投資資金の早期回収が実現し，巨大な
設備投資が必要な条件下では，投資競争において有利な立場になる」[17]と説明さ
れる。

　1990年代以後，韓国半導体産業における設備投資金額は巨大化しているが，
「最新の半導体製造装置であっても，産業競争上は数年で付加価値がなくなり，
短期間の耐用年数が適応される。国際競争が激しく，かつ，設備投資が大きく
産業競争力に影響を与える場合，このような日本と台湾の制度差は，国際競争
力に決定的な影響を与える」[18]ことになる。

　なお，2008年当時，日本と韓国との間では，図表Ⅳ-23に示すように，法人所
得税の税率格差が生じており，この税率格差も韓国半導体メーカーが日本企業
を凌駕した一因として挙げられる。

【図表Ⅳ-22】韓国半導体産業に対する税制支援

技術開発準備金損金算入制度	技術開発活動に関連して計画された投資額を支出前に準備金として積み立てた場合には損金算入できる。
研究及び人材開発のための設備投資税額控除	研究試験用や職業訓練用の施設，新技術等の事業化を目的として設備投資を行った場合には損金算入できる。
償却方法（法定耐用年数）	半導体製造装置の耐用年数は4年であり，日本の5年と比べて短いため，キャッシュフローに影響を与えることになる。

【図表Ⅳ-23】日韓の法人所得税率（2008年当時）

税目	韓国	日本
法人所得税率	27.5%	40.69%

---

[17] 立本博文稿，「台湾・韓国の税制にみる産業促進策―半導体産業の事例―」『赤門マネジメント・レビュー』7巻8号（東京大学大学院経済学研究科，2008年）629-630ページ。

[18] 立本博文稿，「国際競争力：半導体産業における投資優遇税制の事例」『半導体産業人協会会報』（SSIS，2012年）20ページ。

第3項　韓国半導体産業の将来性
1．韓国半導体産業の財務内容

韓国半導体産業の成長には，韓国政府の韓国半導体産業に対する税制支援効果が挙げられる。なぜならば，韓国は，韓国財閥系企業に対して，法人税減税等の優遇措置を適用し，韓国政府が世界経済のグローバル化のなかで韓国財閥の国際的競争力を醸成するという国策を講じることにより，韓国財閥が獲得した資金（外貨）を拠りどころとして，国家財政の確立を目指しているからである[19]。

実際に，韓国半導体産業を代表する存在である「サムスン電子」は，図表Ⅳ-24に示すように，フラッシュメモリー分野で世界首位の座を占め，韓国経済の主柱となっている。

つまり，韓国半導体産業に対する税制支援効果としては，①技術開発促進法に基づく「技術開発準備金損金算入制度」，②租税減免規制法に基づく「研究及び人材開発のための設備投資税額控除」，③償却制度における「法定耐用年数の差異」が挙げられるが，これらの韓国政府の韓国半導体産業に対する税制

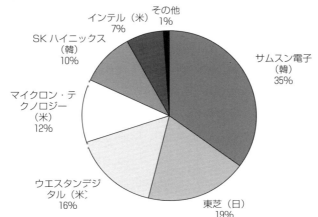

【図表Ⅳ-24】フラッシュメモリーの世界シェア（2016年度）

（出所）日本経済新聞・2017年7月5日参照。

---

[19] 髙沢修一著，『近現代日本の国策転換に伴う税財政改革』大東文化大学研究叢書35（大東文化大学経営研究所，2017年）第5章参照。

70 第Ⅳ章 韓国財閥の企業ゾンビ化と血税支援問題

　支援が，韓国半導体メーカーの手元現金を増加させると共に，キャッシュ・フローの数値も改善することになり，企業財務の安定が韓国半導体産業を世界的に飛躍させたのである。

　また，サムスン電子は，2007年から2009年にかけて売上高を順調に伸ばし急成長を遂げている。例えば，2009年のサムスン電子の財務内容は，図表Ⅳ-25に示すように，営業利益率が前年の4.97％から8.05％に改善され，フリーキャッシュ・フローの数値も，231,651百万ウォンから4,345,208百万ウォンへと約18.75倍増加し，同様に，現金同等物の数値も2008年の8,814,638百万ウォンから10,149,930百万ウォンにまで増加している。

　ところで，韓国の朴槿恵大統領のスキャンダルでは，朴政権と韓国財閥における不透明な資金の流れを巡り韓国財閥への批判が嵩じ，サムスングループのオーナー経営者も韓国検察庁の参考人聴取を受けている。

　しかしながら，サムスン電子は，朴槿恵政権と韓国財閥に対する不透明な資金の流れを巡り，財閥総帥が参考人徴収を受けるという逆風の下でも，スマホ向け有機ELパネルの世界シェアが9割を超え，2017年1月～6月期連結決算〔速報〕に拠れば，営業利益が23.9兆円（約2兆3,300億円）と前年同期比61％増加し好調な経営状態である。

【図表Ⅳ-25】サムスン電子の財務諸表　　　　　　　単位：百万ウォン

区分	2007年	2008年	2009年
売上高	98,507,817	121,294,319	136,323,670
営業利益	8,973,286	6,031,863	10,980,009
営業利益率	9.109％	4.972％	8.054％
フリーキャッシュフロー	2,788,753	231,651	4,345,208
現金同等物	5,831,989	8,814,638	10,149,930

（出所）サムスン電子ホームページを基に作成。
（注）営業利益率（％）＝営業利益÷売上高×100
　　　フリーキャッシュフロー＝営業キャッシュフロー＋投資キャッシュフロー

　次いで，韓国半導体産業業界第2位のSKハイニクスの財務内容について分析する。SKハイニクスの2015年度の財務内容は，図表Ⅳ-26に示すように，収益性（営業利益率28.385％）が高く好調である。そして，SKハイニクスの財

務内容は，2016年度の売上高も17兆1,256億ウォン，営業利益率も5兆1,095億ウォンと前年に引き続き好調を維持している[20]。つまり，韓国半導体産業を牽引する「サムスン電子」と「SKハイニックス」の財務内容は好調であり，半導体産業の世界シェアにおいて韓国の存在感を示しているのである。

【図表Ⅳ-26】SKハイニックスの財務諸表

単位：百万ウォン

区分	2015年
売上高	18,798,000
営業利益	5,336,000
営業利益率	28.385%
総資産	29,678,000
資本合計	21,388,000

（出所）SKハイニックスホームページを基に作成。
（注）営業利益率（％）＝営業利益÷売上高×100

2．韓国半導体産業の成長戦略

韓国半導体産業の成長戦略としては，図表Ⅳ-27に示すように，「計画的な設備投資」，「研究開発費の投下」，及び「M&A（merger and acquisition）の実施」が挙げられる。

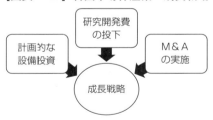

【図表Ⅳ-27】韓国半導体産業の成長戦略

第一に，計画的な設備投資計画とは，将来の販売計画に沿って工場を新設及

---

[20] 聯合ニュース（http://japanese.yonhapnews.co.kr/economy/2015/01/28/0500000000AJP20150128002）参照。

72　第Ⅳ章　韓国財閥の企業ゾンビ化と血税支援問題

び増強することであるが，図表Ⅳ-28に示すように，サムスン電子及びSKハイニクスなどの韓国半導体メーカーの設備投資は顕著である。第二に，研究開発費の投下とは，積極的に研究開発費を投下することであり，韓国半導体メーカーの売上高に対する研究開発費の比率は，「サムソン電子が11.8％であり，そして，金星エレクトロン（現『LG電子』に社名変更）は33.8％であるが，この比率は先行する米国企業の4.8％に比べると極めて高い数値である」[21]と報告されている。第三に，M&Aの実施とは，魅力ある競業他社を企業買収することであるが，最近では，SKハイニックスが東芝の半導体子会社である東芝メモリに対して約2兆円の入札額を提示している。

つまり，韓国半導体メーカーは，将来のビジネスモデルを構築することを目的として積極的に設備や研究開発費に対して資金投資を行うと共に，M&Aのビジネスチャンスも窺っているのである。

【図表Ⅳ-28】2017年（予測）の設備投資計画トップ10社　　　　単位：億ドル

順位	企業名	投資額	主たる新設・増強中の工場	主な生産品目
1	サムスン電子（韓国）	125	平沢工場（韓国）	NANDフラッシュメモリ
2	インテル（米国）	120	大連工場（中国）	NANDフラッシュメモリ
3	TSMC（台湾）	100	台中工場（台湾）	ロジック半導体等
4	SKハイニックス（韓国）	60	清州工場（韓国）	NANDフラッシュメモリ
5	マイクロン・テクノロジー（米国）	50	台中工場（台湾）	DRAM
6	SMIC（中国）	23	上海工場（中国）	ロジック半導体等
7	UMC（台湾）	20	台南工場（台湾）	ロジック半導体等
8	グローバルファウンドリーズ（米国）	20	重慶工場（中国）	ロジック半導体等
9	東芝（日本）	19	四日市工場（日本）	NANDフラッシュメモリ
10	サンディスク（米国）	18	四日市工場（日本）	NANDフラッシュメモリ

（出所）東洋経済・2017年5月27日，63ページ。

---

[21]　裵容浩稿，「わが国における半導体産業の現況と課題」（大韓民国国会図書館立法資料分析室，1993年）5ページ。

また，韓国半導体産業の課題としては，中華人民共和国（以下，「中国」とする）の存在が挙げられる。なぜならば，中国が基幹産業として育成している半導体ビジネスが，韓国半導体産業にとって，強力な対抗者となることが予測されるからである。この中国の半導体産業育成策については，「中国における半導体需要と生産は2000年代に入り急速に増大し，とくに半導体市場はいまや世界の40％を占めるまでになった」[22]と報告される。

実際に，中国ハイテク企業グループの紫光集団は，M&A に積極的に取り組んでおり，「2015年にメモリメーカーの米マイクロン・テクノロジーに，2016年には東芝メモリの合弁相手であるハードディスクメーカー，米ウエスタンデジタルに買収提案を行い，東芝メモリに対しても早期から東芝の銀行団に接触している」[23]のである。

つまり，中国半導体メーカーは，将来的に，世界市場において韓国半導体メーカーの前に立ち塞がる存在に成長する可能性を有している。そのため，韓国半導体メーカーが世界的に高いシェアを保持し，韓国の財政・経済を牽引する存在であり続けるためには，中国半導体メーカーに対抗できるだけの競争力を涵養することが求められるのである。

---

[22] 肥塚　浩稿，「日本および中国の半導体産業の動向」『立命館国際地域研究』第33号（立命館大学，2011年）7 ページ。

[23] 東洋経済・2017年 5 月27日，63ページ。

第Ⅴ章　韓国財閥の成長戦略と税務戦略

第1節　成長戦略と税務戦略の重要性

　現在，韓国の経済は，「パラダイム転換期」を迎えており，海外輸出の低下に伴う経済成長率の低下，家計負債の増加が生起する民間消費の減少，早期の高齢化社会の到来が問題視されている。従来，韓国は，内需が小さいため，韓国財閥による外需（海外輸出）により経済成長を遂げてきた。そのため，韓国の国家財政において，韓国GDP（国内総生産）の4分の3を占める「韓国財閥」（Korean Chaebol）の存在は大きく，特に，GDPの約60％を担っている四大財閥（サムスン・現代自動車・LG・SK）は韓国の経済成長に大きく貢献している。

　つまり，韓国の財政・経済は，サムスングループやSKグループ等の韓国財閥が担っているが，韓国財閥のなかでもサムスングループやSKグループの中核的存在であるサムスン電子とSKハイニックス等の韓国半導体産業の存在は大きい。しかし，韓国経済を牽引し国家財政を支えている韓国半導体産業にも経営課題を指摘できる。例えば，韓国半導体産業の経営課題としては，中華人民共和国（以下，「中国」とする）の半導体ビジネスの成長への対応策を講じることが挙げられる。

　すなわち，韓国半導体メーカーが世界的に高いシェアを保持し，韓国の財政・経済を牽引する存在であり続けるためには，中国半導体メーカーに対応できる競争力を醸成することが求められる。加えて，韓国財閥は，縮小傾向を示す韓国市場から活動拠点を戦略的に欧米や中国に移転させてきたが，近年では租税回避地としての存在価値を高めてきているベトナムにも積極的に進出し，その結果，日本企業と競合することが多い。

　つまり，韓国財閥には，中国企業や日本企業との競争を制するためにも「成長戦略」及び「税務戦略」が求められるのである。

　まず，韓国財閥の成長戦略についてであるが，韓国財閥が行った成長戦略と

しては，海外進出と海外資本との提携等が挙げられる。例えば，現代自動車や
大宇自動車に代表される韓国自動車産業は，米国，中国，及びインド等の海外
に積極的に進出し，韓進グループの大韓航空（Korean Air Lines）も世界43か
国123都市に定期便を就航させるなどグローバル化を進展させてきた。また，
韓国中堅財閥も生き残りのための成長戦略を展開している。例えば，農心やヘ
テ製菓等の韓国食品企業は，日本食品企業との業務提携を行うことにより新商
品を開発し業績を拡大させている。ヘテ製菓は，日本のカルビーとの合弁事業
であるハニーバターチップの爆発的ヒットにより，2016年に15年振りに韓国有
価証券市場への再上場を果たしている。そして，火薬製造により創業した韓火
グループは，「ハンファ」防衛関連4社（ハンファ，ハンファテックウイン，ハ
ンファシステム，ハンファディフェンス）を中心として，武器輸出に活路を求
めることにより韓国経済・財政の発展に寄与している。実際に，韓国の軍事関
連輸出額は増加傾向を示しており，将来的に，中国を抜きアジア最大の武器輸
出国になると予測されるほど成長している。加えて，韓国流通業界を代表する
新世界グループは，ベンチマーキングによりピエロ・ショッピングを開業して
いる。

　次いで，韓国財閥の税務戦略についてであるが，韓国財閥が行った税務戦略
としては，租税回避地（Tax Haven）であるベトナム（法人税率・20.00％）へ
の進出が挙げられる。そして，ベトナムでは，図表Ⅴ-1に示すように，R&D活
動に従事する労働者割合が5％以上であり，R&D関連支出3年間の平均売上
高が1％以上であるという要件を充たした場合，「ハイテク産業に対して，設
立当初の4年間は免税が適用され，続く9年間は税率5％が適用され，その後

【図表Ⅴ-1】ベトナム政府のハイテク産業に対する税制支援

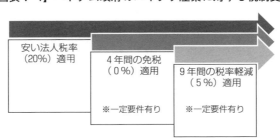

は税率10％の税率が適用される」というベトナム政府の税制支援も受けられるという税制上の恩恵を享受することができる。

つまり，韓国財閥は，国内消費の冷え込みに対応するために海外進出や海外資本との提携等の成長戦略を策し，そして，ベトナム等の租税回避地での事業展開を模索するという税務戦略を展開している。

また，韓国政府のベトナムへの投資額も，米国，中国，香港に続いて多く，Association of South-East Asian Nations（以下，「ASEAN」とする）諸国のなかでも最多であるが，韓国政府がベトナムに対して直接投資額を増やしている理由としては，高騰する人件費がもたらす生産コストの上昇から逃れるために「ポストチャイナ」としての役割を期待されたことが挙げられる。例えば，ベトナムの人口は，インドネシアやフィリピンに次いで多く（2015年当時），そして，ベトナムの教育水準が高く人口構成も若いため，この人口の多さと良質の人材の存在は，潜在的労働人口の確保と消費市場としての魅力を併存させている。つまり，ベトナムは，生産拠点としての役割ばかりでなく消費市場としての役割も期待できる地域であり，サムスングループ，LG グループ，及びロッテグループ等の韓国財閥が積極的にベトナムに進出している。実際に，ベトナムの消費市場としての優位性は，2007年の世界貿易機関（WTO）加盟により高まり，TPP（Trans-Pacific Partnership Agreement）参加や，EU 諸国との間の FTA（Free Trade Agreement）締結等により存在価値を増している。

しかしながら，文在寅大統領は，2017年５月10日の演説において，①雇用の創出，②財閥改革，③政経癒着の解消ということを述べ，財閥改革に意欲を示し，韓国財閥への経済力集中に伴う弊害の是正を目的として，財閥改革における手段として税制改革を断行し，その結果，韓国では，財閥改革を目的として税制改正法が2017年12月19日に成立し（2017年12月５日に国会本会議で可決），図表Ⅱ-12に示すように，課税標準が3,000億ウォン（２億7,000万米ドル）を超過する場合には，従来の22％から25％に法人税率が改正された。さらに，投資・共生協力促進制度（法人留保金課税制度）も，図業Ⅱ-13に示すように内容に改正され，法人の内部留保金に対する規制が強化されたのである。

つまり，2018年税制改正法により法人税率と投資・共生協力促進制度（法人留保金課税制度）が改正されたが，これらの税制改正は韓国財閥の企業経営に

も影響を与えることが予測できる。例えば，韓国の法人税が25％ならば，10大韓国財閥の負担増は1兆3 827億ウォ（約1,400億円）となり，最大の影響を受けるサムスン電子の法人税額は，4,327億ウォン（約450億円）の増加になると分析できる。既述のように，文在寅政権は，財閥と非財閥との所得格差の解消を目指して，法人税に関する税制改正を実施したが，この改正は韓国財閥の成長戦略と税務戦略にも影響を与えることになる。

第2節　韓国自動車産業の形成過程と海外戦略

第1項　アジア通貨危機と韓国自動車産業の再編

韓国自動車産業の歩みは，日米自動車メーカーとの技術提携に始まり，例えば，1962年にセラナ自動車と日産自動車がブルーバードのKD（Knock-Down）生産で技術提携し，1968年に，現代（ヒュンダイ）自動車がフォードとKD生産で技術提携し，1973年に，起亜自動車がマツダとKD生産で技術提携した。その後，1970年代半ば，韓国自動車業界は，現代自動車，起亜自動車及び大宇（テウ）自動車の大手3社時代を迎え，1988年のソウルオリンピック開催を契機とする内需拡大に伴い生産台数が100万台を超え，1995年には250万の生産台数に到達した[1]。

ところで，韓国初の輸出車は，現代自動車が1976年1月に生産・販売した「ポニー」である。ポニーは，生産初年度に年間1万8,000台生産されたが，販売時価格は，227万3,270ウォンであり，当時のソウル市内の一軒家に相当する金額であった。

しかし，韓国経済が第2次オイルショックによる景気沈滞に陥ると，自動車産業も経営危機に直面することになり，韓国政府は「自動車工業合理化措置」を発表し，1986年から3年間の自動車業界への新規参入を禁止して国内自動車産業の保護・育成に努めたのである[2]。

また，韓国の自動車産業は，アジア通貨危機に際して経営破綻し，現代自動車を除く，起亜自動車，大宇自動車，サムスン自動車，双龍（サンヨン）自動車の4社は，

---

(1)　山口銀行編，「韓国自動車産業戦国時代」『やまぎんアジアニュース』No. 509（2017年）1ページ。

(2)　金泰吉稿，「韓国自動車産業の発展パターンと競争力構造」奥田　聡編著，『韓国主要産業の競争力』調査研究報告書（アジア経済研究所，2007年）3ページ。

外資系企業に買収されることになり，現代自動車が国内市場シェアの過半を押さえることになった。例えば，韓国自動車産業は，世界の新車販売台数（2016年）において，図表Ⅴ-2に示すように，現代自動車グループ（89％），韓国GM（7％），ルノーサムスン（3％），双龍（1％）の順位であり，現代自動車グループが韓国国内市場で首座を占めている。

その後，韓国の自動車産業は，アジア通貨危機後の業界再編を乗り越え合理化を推進することにより再び成長軌道へと復帰し，1999年から2002年に国内販売と輸出により国内販売台数を伸長させ，2003年から2005年にかけて輸出により国内販売台数を伸長させた[3]。

つまり，韓国自動車産業は，1990年代に約150万台規模の韓国国内市場で多数の国内メーカーが競合することにより財務内容を悪化させた。そのため，韓国自動車メーカーは，国内シェアを拡大させることが難しいと判断し，海外での輸出金額を増やす経営戦略に転換し自動車の生産・販売台数を飛躍的に伸長させたのである。

【図表Ⅴ-2】韓国自動車産業の世界新車販売台数（2016年）　　単位：台数

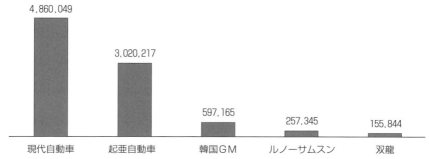

企業名	起亜自動車	大宇(テウ)自動車	サムスン自動車	双龍自動車
買収先	現代自動車	GM	ルノー	上海汽船

（出所）山口銀行編，「韓国自動車産業戦国時代」『やまぎんアジアニュース』No. 509（2017年）2ページを基に作成。

---

(3) 藤川昇悟稿，「グローバル化する韓国の自動車産業　―部品メーカーの随伴立地を中心に―」『産業学会研究年報』第22号（産業学会，2006年）30ページ。

第2項　韓国自動車メーカーの海外進出と競争力

　韓国の自動車メーカーの海外進出としては，現代自動車(ヒュンダイ)と大宇自動車(テウ)の事例が挙げられる。例えば，現代自動車は，図表V-3に示すように，自動車の最大の消費地である米国での販売を目的として，米国（現代アラバマ工場）において生産を開始すると共に，将来の需要増大が見込める中国（北京現代第1・2工場）やインド（現代インド第1・2工場）においても生産を開始しグローバル化を加速させた。同様に，大宇自動車も，東欧諸国（ポーランド，ルーマニア，ウズベキスタン等）における海外進出を積極的に加速させていたが，GMの系列後は海外進出を鈍化させている。

【図表V-3】現代自動車の海外工場

　また，世界自動車販売台数（2016年）において，GM大宇が10位以内にランキングされていないのに対して，現代自動車の販売台数は，図表V-4に示すように，フォード・モーターやホンダグループよりも多い788万台であり，世界の自動車メーカーのなかでも第5位に位置している。
　しかし，現代自動車（起亜自動車グループを含む）グループは，世界第5位の自動車メーカーにまで成長したが厳しい経営環境下に置かれている。なぜならば，現代自動車（起亜自動車グループを含む）グループは，図表V-5に示すように，EV（電気自動車）シェア第10位（3.2％）に相当するシェアを有しているが，5社がシェア第10位以内に入り28.7％のシェアを占める中国勢に比べると必ずしも満足できる状態にあるとはいえないからである。

【図表Ⅴ-4】 世界の自動車メーカー販売台数（2014年・2016年）

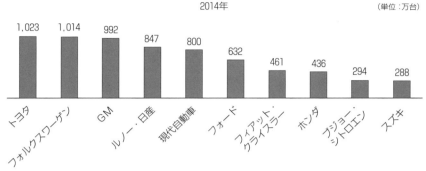

（出所）国際ビジネスファイナンス研究会報告書，及び国際自動車工業連合会資料，他（2014年）

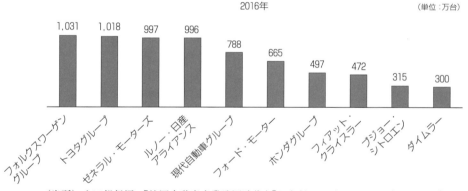

（出所）山口銀行編，「韓国自動車産業戦国時代」『やまぎんアジアニュース』No. 509（2017年）2ページを基に作成。

　現在，ヨーロッパを中心とした世界各国では，ガソリン車，ディーゼル車に加えて，HV（ハイブリッド車），PHV（プラグインハイブリッド車）に対する規制が強まっている。例えば，2016年のEV（電気自動車）市場における世界販売台数は466千台であるが，2035年度には13倍の6,300千台までに成長することが予測され，図表Ⅴ-5に示すようにEV市場において中国メーカーが強い[4]。そのため，現代自動車（起亜自動車グループを含む）グループは，2020年まで

---
(4) 山口銀行編，「やまぎんアジアニュース」『経済月報』No. 511（2017年）2ページ。

にエコカー販売台数世界第2位を標榜してEV市場への参入を目指したのである。

但し，世界EVバッテリー（車用）市場においては，図表V-6に示すように，

【図表V-5】世界EV販売台数（メーカー別）　　　　　　　　　　単位：千台

順位	会社名	2016. 1月～8月		2017. 1月～8月		伸長率
		台数	シェア	台数	シェア	
1	テラス	45	14.2%	63	13.6%	140.0%
2	BAIC（中国）	23	7.2%	44	9.5%	191.3%
3	日産	36	11.3%	37	8.0%	102.8%
4	BYD（中国）	26	8.2%	29	6.3%	111.5%
5	ZotyoZhidon（中国）	10	3.1%	28	6.0%	280.0%
6	ルノー	19	6.0%	34	7.3%	178.9%
7	BMW	15	4.7%	20	4.3%	133.3%
8	ZOTYE（中国）	14	4.4%	17	3.7%	121.4%
9	シボレー	3	0.9%	17	3.7%	566.7%
10	JMC（中国）	8	2.5%	15	3.2%	187.5%
―	現代・起亜	―	―	15	3.2%	―
	合計	318	100.0%	464	100.0%	145.9%

（出所）山口銀行編，「やまぎんアジアニュース」『経済月報』No.511（2017年）3ページ。

【図表V-6】世界EVバッテリー（車用）出荷量　　　　　　　　単位：千台

順位	会社	2016. 1月～8月		2017. 1月～8月		伸長率
		出荷量	シェア	出荷量	シェア	
1	パナソニック（日本）	4,483.0	23.6%	5,659.9	23.2%	26.3%
2	CATL（中国）	2,091.8	11.0%	3,155.6	12.9%	50.9%
3	LG化学（韓国）	1,023.6	5.4%	2,686.5	11.0%	162.5%
4	BYD（中国）	2,606.4	13.7%	2,372.2	9.7%	▲9.0%
5	サムスンSDI（韓国）	775.3	4.1%	1,409.5	5.8%	81.8%
	その他	8,039.3	42.3%	9,114.6	37.4%	13.4%
	合計	19,019.4	100.0%	24,398.3	100.0%	28.3%

（出所）山口銀行編，「やまぎんアジアニュース」『経済月報』No.511（2017年）4ページ。

82　第Ⅴ章　韓国財閥の成長戦略と税務戦略

LG化学とサムスンSDIの2社がランキング5位までにランキングされている。さらに，伸長率で比較した場合，LG化学とサムスンSDIが驚異的な数値を示しており，EV（電気自動車）の中核部品を成すEVバッテリーにおける韓国バッテリーメーカーの今後の躍進を予測できる。

第3節　韓国航空会社の形成過程と経営課題

第1項　大韓航空の誕生と韓進海運破綻の影響

　従来，韓国航空市場は，韓進グループの「大韓航空（Korean Air Lines）」と錦湖アシアナグループの「アシアナ航空」の2社により独占されていたが，韓国航空業界首座の韓進グループは，1945年に趙重勲が仁川で韓進商事を創業しトラック輸送業を始めたことを端緒とし，1966年のベトナム戦争時にアメリカ軍の物資輸送を請け負うことにより発展する。

　そして，1969年，韓進グループの創業者の趙重勲は，朴正熙大統領から経営不振に陥っていた大韓航空公社の民営化を打診され大韓航空を設立する。2017年12月現在，スカイチームに属する大韓航空は，161機の航空機を所有し，韓国国内13都市を含む世界43か国123都市へ定期便を就航させている。

　その後，韓進グループは，韓国企業グループ資産ランキング第11位の大財閥に成長するが，1968年に仁荷大学校を買収し，1979年に国立韓国航空大学校を買収して，工学・物流教育と人材育成にも尽力している。

　また，大韓航空の事業収益は，図表Ⅴ-7に示すように，2017年度は1兆億ウォンを超えて漸次増加傾向を示しており必ずしも悪くない状態である。

　しかし，大韓航空の財務状態は，負債比率が1,000％に達したグループ企業の韓進海運の支援のために悪化している。なぜならば，大韓航空は，韓進海運関連の損失を計上すると共に，外貨借入金（ドル建て）を膨らませ，永久債発行の検討も余儀なくされたからである[5]。なお，大韓航空の財務支援にもかかわらず，海運業界で韓国第1位，世界第7位として国際的に事業展開していた韓進海運は，2016年に法定管理を申請し2017年に経営破綻した。

　ところで，大韓航空及び韓進海運は，韓進グループの中核企業であるのにも

––––––––––––––

(5)　中央日報（http://japanese.joins.com/article/043/222043.html）参照。

【図表Ⅳ-7】大韓航空の事業収益

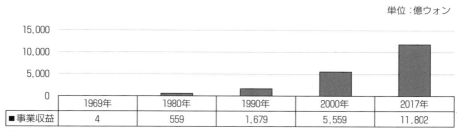

（出所）大韓航空ホームページ参照。

かかわらず，創業家からの私有財産の支援提供がなされていない点について批判されている。

実際に，韓国財閥を支配している創業家には，所有と経営の認識が欠如しており，大韓航空は，2014年に「大韓航空ナッツ・リターン騒動」を起こし国民の批判を浴び，韓進グループの企業イメージを大きく低下させた。

同事件は，チョ・ヒョンア副社長（当時）が，米国ジョン・F・ケネディ空港において客室乗務員のマカダミアンナッツの出し方が悪いとして機体を滑走路から出発ゲートに戻らせた事件であり，2015年に懲役1年の有罪判決を受けた。後に，韓国大法院にて懲役10か月，2年間の執行猶予が確定する。

第2項　アシアナ航空の誕生とLCC参入の影響

アシアナ航空は，錦湖（クムホ）アシアナグループが経営する航空会社であるが，錦湖アシアナグループは，創業者の朴仁天（パクインチョン）が，1946年に光州タクシーを設立し，バス会社及びタクシー会社等の事業を展開して成長する。錦湖アシアナグループは，1989年にアシアナ航空を創業し航空業界に参入するが，2009年に大宇建設（テウ）（2006年に買収する）の売却交渉が決裂しワークアウト（事業再生法）を申請して経営破綻する。その後，アシアナ航空は自立協約（会社分割）により経営再建を図っている。

また，アシアナ航空は，スターアライアンスに所属し，83航空機を所有し，韓国国内線10都市と24か国75都市で就航している。そして，韓国LCCのエアソウル，エアプサンにも出資している。

近年，韓国LCC（格安航空会社）の韓国航空市場への新規参入により2社の

独占体制が崩壊し，逆に，2017年度韓国航空業界における韓国 LCC シェアは約45％まで伸長している。例えば，韓国空港公社報告に拠れば，チェジュ航空，ティーウェイ航空，ジンエアー，エアソウル，エアプサン，イースター航空等の韓国 LCC は，済州島（国内便），日本，中国，台湾等の近距離就航エリアで数多く就航しており，特に，韓国 LCC は日本路線を強化している。

また，韓国 LCC の台頭に加え，中国 LCC が韓国航空市場に本格的に参入してきた場合には，図表Ⅴ-8に示すように，更なる価格競争に見舞われ経営危機の恐れも懸念され，特に，アシアナ航空は，自社系列の韓国 LCC との競合によるカニバリゼーションも危惧される。

【図表Ⅴ-8】LCC 参入がアシアナ航空に与える影響

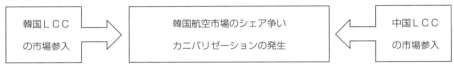

なお，韓進(ハンジン)と錦湖アシアナグループでは，図表Ⅱ-4に示すように資産規模（2014年当時）で約2倍の開きがある。

第4節　韓国企業のベトナム投資と税務戦略

第1項　ベトナム経済の分析と税制支援

1．ドイモイ政策とベトナムの経済成長

ベトナムは，中国と同様に共産党による一党独裁の下で，ASEAN 諸国がリーマンショックやアジアにおける通貨危機に伴い景気後退に陥るなかで，中国と共に高い経済成長率を保持すると共に労働市場としての魅力も有している。なぜならば，ベトナムは，国土面積（約33万 m²）が日本の国土面積（約38万 m²）よりも若干小さいが，図表Ⅳ-9，図表Ⅳ-10に示すように，約1億人とASEAN 主要6か国のなかでもインドネシアやフィリピンに次いで人口が多く，優秀な人材と安価な労働力を求めることができるからである。

また，ベトナムは，図表Ⅳ-11に示すように，日本の製造業が今後の事業展開先として最も有望であると考える国として，第5位（2013年・2014年），第

【図表Ⅴ-9】ASEAN 主要6か国の GDP（2015年）

	名目 GDP （10億ドル）	1人当たり名目 GDP （ドル）	人口 （万人）	実質 GDP 成長率 （％）
インドネシア	859	3,362	25,546	5.5
タイ	395	5,742	6,884	2.9
マレーシア	296	9,557	3,100	5.3
シンガポール	293	52,888	554	4.0
フィリピン	292	2,858	10,215	5.9
ベトナム	191	2,088	9,168	5.9

（出所）富国生命インベストメントシンガポール（2015年）参照。

【図表Ⅴ-10】事業展開先として有望と考えられる理由（アジア5か国の比較）

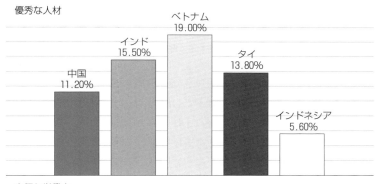

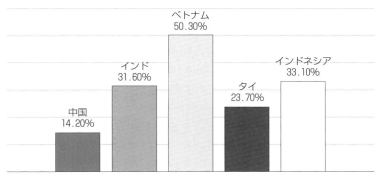

（出所）国際協力銀行『2017年度海外直接投資アンケート調査結果』，及び三菱UFJリサーチ＆コンサルティング編「ベトナム経済の現状と今後の展望」（2018年）21ページ。

86 第Ⅴ章 韓国財閥の成長戦略と税務戦略

【図表Ⅴ-11】 日本の製造業が今後の事業展開先として有望と考える国

順位	2013年	2014年	2015年	2016年	2017年
1位	インドネシア	インド	インドネシア	インド	中国
2位	インド	インドネシア	インド	中国	インド
3位	タイ	中国	中国	インドネシア	ベトナム
4位	中国	タイ	ベトナム	ベトナム	タイ
5位	ベトナム	ベトナム	メキシコ	タイ	インドネシア
6位	ブラジル	メキシコ	タイ	メキシコ	米国
7位	メキシコ	ブラジル	フィリピン	米国	メキシコ
8位	ミャンマー	米国	米国	フィリピン	フィリピン
9位	ロシア	ロシア	ブラジル	ミャンマー	ミャンマー
10位	米国	ミャンマー	ミャンマー	ブラジル	ブラジル・韓国

（出所）国際協力銀行「海外直接投資アンケート調査結果」，及び三菱 UFJ リサーチ＆
コンサルティング編「ベトナム経済の現状と今後の展望」（2018年）21ページ。

４位（2015年・2016年），第３位（2017年）と順次その順位を上げているように，韓国企業ばかりでなく日本企業にとっても魅力的な市場として映っているのである。そして，ベトナム経済は，1986年のベトナム政府のドイモイ（DoiMoi・経済自由化）政策効果を受け急速な経済成長を遂げており，2015年度の１人当たり名目 GDP は ASEAN 主要６か国のなかで最少であるが，過去５年間の平均実質 GDP 成長率がフィリピンと並んで5.9％と高く，特に，2015年の GDP 成長率は6.7％と ASEAN 主要６か国のなかでも首位の座を占めており，将来の成長を期待できる有望な市場として認識できる[6]。

つまり，韓国企業がベトナム投資を拡大させる理由としては，図表Ⅴ-12に示すように，①共産党一党支配下において政治情勢の安定が比較的保たれている政治的安定性，②エレクトロニクス産業の集積が進んだ中国の華南地区に隣接しているという地理的優位性，③相対的な労働コストを確保できる安価な労働力，④経済成長率の高さに立証される魅力的な市場の成長性等が挙げられ

---

[6] 小塚雄大稿，「ベトナム経済の現状と課題」富国生命インベストメントシンガポール資料（2015年）１ページ。

[7] 百本和弘稿，「韓国企業のメコン地域戦略—ベトナムを中心に—」『季刊　国際貿易と投資』No. 103（2016年）59ページ。

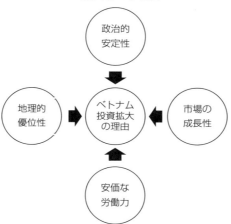

【図表Ⅳ-12】韓国企業がベトナム投資を
拡大させる理由

(出所) みずほ総合研究所編,「ベトナム投資を
拡大する韓国企業」(2017年) 3ページ。

る[7]。

　しかしながら,ベトナム経済には問題点も存在している。例えば,ベトナム経済には,外貨準備が輸入の3か月分程度の余裕しかないため,為替相場の影響によりドンが急落すれば,外貨建て債務とドン建て資産を併せ持っているベトナム企業の多くは経営破綻状態に陥る公算が大きい[8]。そして,ベトナム経済の発展を支えていた安価な労働力の提供は,ASEAN諸国のなかでベトナムの存在価値を際立たせていたが,この利点もミャンマー等の台頭により脅かされる可能性がある。つまり,ベトナム経済の発展は,必ずしも健全化・安定化されたものではなく,是正しなければならない課題を抱えているのである。

2．租税回避地としてのベトナムの魅力

　一般的に,租税競争（Harmful tax competition）とは,自国の経済発展を目的として,「国内産業の国際的な競争力を高めることにより国内資本の強化を図るか,または,外国資本の積極的な誘致により海外からの直接投資の増進を図ることを目的として,当該国内の租税負担を国際的水準よりも緩和させるこ

---

(8) 三菱UFJリサーチ&コンサルティング稿,「ベトナム経済の現状と今後の展望」調査レポート（2015年）参照。

88　第Ⅴ章　韓国財閥の成長戦略と税務戦略

とである」[9]と説明されるが，ベトナムも国際的な租税競争を展開している。

　また，タックス・ヘイブン（Tax Haven）とは，自国の法人税率と比較して法人税率が著しく低い国及び地域のことであり，加えて，治安が安定していて法人の設立が容易であり，交通及び通信設備等のインフラが整備されている地域のことである[10]。

　現在，企業経営では，タックス・ヘイブン（Tax Haven）を活用した租税回避行為が盛んであるが，租税回避とは，"節税"と"節税"の中間に位置する"グレーゾーン"を活用した税務戦略であり，韓国企業は，図表Ⅴ-13に示すように，通常20％というベトナムの法人税率の低さに注目してベトナム投資を拡大させている。

　加えて，ベトナムでは，R&D活動に従事する労働者割合が5％以上であり，R&D関連支出3年間の平均売上高が1％以上であるという要件を充たしたならば，「ハイテク産業に対しては，設立当初の4年間は免税が適用され，続く9年間は税率5％が適用され，その後は税率10％の税率が適用される」という

【図表Ⅴ-13】タックス・ヘイブンとベトナム政府のハイテク産業
　　　　　　に対する税制支援

国名	法人税率
インド	30.0%
タイ	30.0%（パートナーシップは，23%又は20%である）
フィリピン	30.0%（教育機関及び病院等は軽減税率を採用する）
マレーシア	25.5%
ベトナム	25.0%（優先業種は，20%又は10%である）
韓国	22.0%
インドネシア	17.0%
シンガポール	17.0%
台湾	17.0%
香港	16.5%

⑼　C. Pinto（1998），"EU and OECD to Fight Harmful Tax Competition: Has the Right Path Been Undertaken?", *Intertax*, Vol. 26, Issue 12, Dec, p386.

⑽　髙沢修一著，『法人税法会計論〔第3版〕』（森山書店，2017年）第6章に詳しい。

ベトナム政府の税制支援も受けられるのである[11]。

第2項　韓国企業のベトナム進出

1．韓国政府のベトナムへの直接投資

1992年，韓国とベトナムとの間で国交が樹立されると韓国企業のベトナム進出が始まるが，国交樹立直後は，韓国のベトナム戦争参戦という歴史的事実を背景として両国の経済関係は必ずしも良好ではなかった。

しかし，李 明博大統領が「新アジア外交構想」を打ち出し，図表Ⅴ-14に示すような"戦略的パートナーシップ"を構築すると，韓国とベトナムの経済関係は大きく進展した。

また，韓国政府のベトナムへの投資額が，米国，中国，香港に続いて多く，図表Ⅴ-15に示すように，ASEAN 諸国のなかでも最大であるが，この韓国政府がベトナムに対して直接投資額を増やしている理由としては，高騰する人件費がもたらす生産コストの上昇から逃れるために「ポストチャイナ」としての役割を期待されたことが挙げられる。例えば，ベトナムの人口は，インドネシアやフィリピンに次いで多く，ベトナムの教育水準が高く人口構成も若いため，この人口の多さと良質の人材の存在は，潜在的労働人口の確保と消費市場としての魅力を併在させている。

つまり，ベトナムは，生産拠点としての役割を担うばかりでなく，消費市場としても期待できる地域である。実際に，ベトナムの消費市場としての優位性は，2007年の世界貿易機関（WTO/World Trade Organization）加盟により高まり，TPP（Trans-Pacific Partnership Agreement・環太平洋パートナーシップ協定）参加，EU（欧州連合・European Union）諸国との間でのFTAの締結等により一層，存在価値を増している。例えば，韓国企業のベトナム進出は顕著であり，サムスングループ，LG グループ，ロッテグループ等の韓国財閥は，新規投資先としてベトナムに注目し，図表Ⅴ-16に示すように，積極的にベトナムに進出している。

2．韓国財閥の税務戦略と販売戦略

当初，韓国のベトナム進出は，繊維，衣服等の労働集約型の中小企業の進出

---

[11]　みずほ総合研究所編，「ベトナム投資を拡大する韓国企業」（2017年）3ページ。

90　第Ⅴ章　韓国財閥の成長戦略と税務戦略

【図表Ⅴ-14】韓国・ベトナム戦略協力パートナーシップ共同声明

① 韓国ベトナム貿易規模を2008年100億ドル水準から2015年200億ドル規模に拡大する。
② 韓国ベトナムFTA交渉に向け，共同作業チームを設置する。
③ ベトナムの国家事業である紅河の開発事業（70億ドル），ニヤチャン高速鉄道の複線化（90億ドル），ホーチミン～カントー高速鉄道新設事業に韓国企業の参画を保証する。
④ 貿易救済・公害防止・医療情報化に関する11件のMOUを締結（通商摩擦を解消するとともに再生可能エネルギー，鉱物開発・石油品質管理などの分野での緊密な協力関係を構築）する。
⑤ 韓国放送通信委員会とベトナム情報通信省が，放送通信分野に関するMOUを締結（インターネット・プロトコル・テレビ（iPTV）やデジタル移動放送などの放送・通信番組の交流，技術開発および標準化）する。

（出所）みずほ総合研究所編，「ベトナム投資を拡大する韓国企業」（2017年）　4ページ。

ベトナム戦争を展示する「ベトナム軍事歴史博物館」（著者撮影・2014年）

第4節　韓国企業のベトナム投資と税務戦略　91

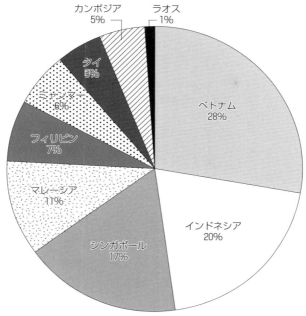

【図表V-15】韓国政府のASEAN直接投資残高（2015年9月末）

（出所）韓国輸出入銀行データベース，財務省・日本銀行「本邦対外資産負債残高統計」を基に作成。

が顕著であったが，2009年にサムスン電子を中心とするサムスングループがベトナム北部に携帯電話分野の大投資を行った。例えば，ベトナム北部に建設されたサムスン電子のバクニン省イェンフォン工場（2009年操業）とタイグエン省イェンビン工場（2014年操業）は，現地の従業員10万人を雇用してサムスン製スマートフォンとタブレットの約半数を生産しているが，サムスン電子がベトナムに進出した理由としては，図表V-17に示すように，第一に，ベトナム政府による34万坪の工場敷地の無償提供が挙げられ，次いで，法人税が4年間無税であり，その後12年間は5％の課税で済み，さらにその後の34年間は10％で済むということも挙げられる[12]。加えて，ベトナムには約15万人の韓国人が居住し，そのうち，ハノイには約4万人規模の韓国人の居住地区が存在してお

---

[12] 東亞日報（http://japanese.donga.com/List/3/all/27/425445/1）参照。

【図表Ⅴ-16】ベトナムへの新規投資案件上位10社（2016年）

企業名	事業	許可額	地域	投資国
LGディスプレイ	ディスプレイ製造	15億ドル	ハイフォン市（北部）	韓国
LGイノテック	カメラモジュール製造	5.5億ドル	ハイフォン市（北部）	韓国
CDC	工業団地・港湾開発	3.15億ドル	クアンニン省（北部）	英領ケイマン諸島
アマタ	工業団地・都市開発	3.09億ドル	ドンナイ省（南部）	タイ
ロッテモール（シンガポール現地法人経由）	複合施設の建設・管理・運営	3億ドル	ハノイ市（北部）	シンガポール
ソウル半導体	LED製造	3億ドル	ハナム省（北部）	韓国
サムスン電子	R&Dセンター	3億ドル	ハノイ市（北部）	韓国
JAソーラー	太陽電池パネル製造	2.8億ドル	バクザン省（北部）	中国
ウイジン建設	風力発電	2.48億ドル	チャビン省（南部）	韓国
DNS Asia Investment Phu My Hung Asia	不動産開発	2.26億ドル	ホーチミン市（南部）	英領ケイマン諸島

（出所）みずほ総合研究所編，「ベトナム投資を拡大する韓国企業」（2017年）2ページ。

【図表Ⅴ-17】サムスン電子がベトナムに進出した理由

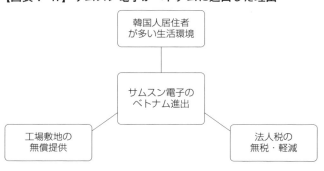

り，韓国人が多く居住しているという生活環境も影響している。

　また，ベトナムの輸出額は，外資系企業が大規模な輸出向け製造拠点をベトナム国内に建設したことに伴い，2010年代に急激に増加し貿易収支も黒字化し2016年になるとタイの輸出額を上回りインドシナ半島で最大規模に成長するが，このベトナムの貿易収支の黒字化には，ベトナムの全輸出の約2割を占めたと推計されるサムスン電子の携帯電話輸出の急増による影響が大きかったのである[13]。

　また，ベトナムでは，韓流スター人気に代表されるように韓国の文化に対する関心が高く，韓国人が多く居住するコリアタウンにはお洒落な店舗が立ち並

活気あるベトナム・ホーチミン市の街並み（著者撮影・2014年）

---

[13] 三菱UFJリサーチ＆コンサルティング編，「ベトナム経済の現状と今後の展望」（2018年）21ページ。

94　第Ⅴ章　韓国財閥の成長戦略と税務戦略

ぶ。ロッテグループは，この潜在的な韓国人気を流通業における集客に結びつける販売戦略を展開している。例えば，ロッテグループは，韓国国内において，ロッテ免税店，ロッテマート，ロッテ百貨店，ロッテホテル，及びロッテリアを多店舗展開しているが，ロッテ免税店は，2017年にダナン市のダナン国際空港に出店し，外国人観光客の増加に伴い進出1年目に黒字計上した。

　ところで，ロッテの韓国進出は早く，2008年にロッテマートが進出している。2018年時点で，ロッテマートは，ベトナム全土で13店舗を展開しているが，年間2桁の成長率を示している。この理由としては，韓国企業に対する信頼感の醸成，ロッテマート＝高級商品というイメージ戦略，PB製品の開発力，洗練されたデザイン性等が挙げられる[14]。

第5節　韓国中堅財閥の生き残り戦略

第1項　韓国食品企業の日本食品企業との業務提携

1．農心と味の素の合弁事業と他の即席麺会社の動向

　韓国は，インスタントラーメンの消費量が世界最大の国であるが，韓国の即席麺製造会社を代表する存在が「農心（ノウシン）」である。農心は，ロッテグループ創業者である辛格浩（シンキョクホ）（重光武雄）の弟である辛春浩（シンチュノ）によって，ロッテ工業株式会社として1965年に創業されるが，後に，辛格浩との関係が悪化したため，1978年にロッテグループから離脱して社名をロッテ工業株式会社から「株式会社農心」に変更した。

　また，農心は，「辛ラーメン」等の大ヒット商品を有し，韓国初のカップ麺の開発会社でもあり，韓国インスタントラーメン市場でシェア第1位の座を占める企業であるが，日本企業との業務提携を積極的に展開している。例えば，2002年に，農心は，加ト吉（現・テーブルマーク・JTグループ）との業務提携により「農心ジャパン」を発足させた（2010年に業務提携を終了する）。その後，農心は，米菓大手の亀田製菓との業務提携を模索し，2017年には味の素との間で合弁の粉末スープ生産会社を設立することに合意した。農心と味の素の合弁会社設立は，韓国におけるコンシュマー食品事業の拡大を目的として，味の素

---

[14]　中央日報（http://japanese.joins.com/article/795/232795.html）参照。

グループの製品開発・生産技術力と，農心の家庭用市場向けの販売力を組み合わせたものであり，食品事業の地域ポートフォリオ強化を目指した成長戦略の一環として位置づけられる[15]。

　一方，農心のライバル企業としては，「オットゥギ」と「三養ラーメン」の社名が挙げられる。まず，熱ラーメンを販売しているオットゥギであるが，同社は，1969年にカレー（ルー，レトルト）の製造を開始し，1972年に韓国初のマヨネーズの製造を開始した会社でもあり，ロシア，ニュージーランド，メキシコ，中国，米国等に海外法人を設立して海外進出を果たしている。次いで，即席麺の販売会社としては，三養ラーメンも存在するが，同社は，全仲潤が1963年に日本の明星食品から無償の技術提供を受けて即席ラーメンを韓国で初めて販売した韓国即席麺製造会社の老舗的存在である。つまり，韓国のインスタントラーメンは，韓国国民の間でも周知されていないが，日本企業からの無償の技術提供により誕生した食品である。

2．ヘテ製菓とカルビーの合弁事業と復活・再上場

　1945年，ヘテグループが創業されるが（1996年当時，財界ランキング第24位），そのヘテグループの中核企業が「ヘテ製菓」であり，ヘテ製菓は，ブラボーコーンアイス，エースクッキー，マットンサン，ホームランボール，オーイェス等のヒット商品を有するが，一方で，「カロリーバランス」（大塚製薬のカロリーメイトの類似商品）や，「キリンメイト」（ロッテのキリントールの類似商品）等の日本商品の模倣・コピー商品の製造でも有名な企業であった。

　しかし，ヘテ製菓は，本体のヘテグループの業務拡大路線の失敗の煽りを受けて（1997年に不渡りを出す），2001年にUBSコンソーシアムに売却され，さらに，2005年にUBSコンソーシアムからクラウン製菓に売却されたのである。クラウン製菓への売却後，クラウン製菓会長の尹泳達は，クラウン製菓とヘテ製菓との融和を目指して，両社の幹部級職員を対象とした「モーニングアカデミー」等を開催して対話路線を模索した。

　2011年，ヘテ製菓は，日本のカルビーとの間で合弁会社を設立し，蜂蜜味のポテトチップスである「ハニーバターチップ」を爆発的にヒット（販売3か月で約50億ウォンの売上を計上する）させるが，同商品のヒットは，既存の塩辛

---

[15]　日本経済新聞（https://www.nikkei.com/article/DGXLRSP466893-R21C17A2000000/）参照。

【図表Ⅴ-18】ヘテ製菓とカルビーの合弁事業

い味が定番であったポテトチップスに，蜂蜜味という甘い味の商品を提供した優れた市場調査・商品開発力と，SNS（口コミ）による商品情報の拡散という新たな広告宣伝効果がもたらした成功事例である。そして，ヘテ製菓は，図表Ⅴ-18に示すように，カルビーとの合弁事業であるハニーバターチップのヒットにより，2016年に15年振りに韓国有価証券市場への再上場を果たしたのである。

第2項　韓国軍需産業とハンファ防衛関連4社の武器輸出

　現在，韓国の軍事関連輸出は増加傾向を示しており，2016年には2009年と比べると，1,100％近く増加しており，今後20年間で，中国を抜きアジア最大の武器輸出国になることも予測される[16]。例えば，韓国軍需産業は，兵器輸出の拡大に力を注いでおり，「2006年に2.5億ドルだった輸出額は，14年には36億ドルを超え，8年で14倍の伸びを示した。輸出先も47か国から80か国以上に増えている。14年はマレーシアに哨戒艦6隻，ポーランドに自走砲120両などを輸出する契約を締結した。そして，今回，フィリピンに輸出したFA50戦闘機は，国産の超音速練習機T50を基に開発したもので，T50系列の航空機をフィリピンのほか，インドネシアやイラクにも輸出している」[17]と説明される。つまり，韓国の防衛産業は，武器輸出を成長戦略として位置づけているのである。

　また，韓国軍需産業の一角を占める「韓火（ハンファ）」防衛関連四社（ハンファ，ハンファテックウイン，ハンファシステム，ハンファディフェンス）は，

---

[16]　日本経済新聞（https://www.nikkei.com/article/DGXMZO10330340W6A201C1000000/）参照。

[17]　産経ニュース（https://www.sankei.com/world/news/151201/worl512010050-nl.html）参照。

IDEX2017（International Defense Exhibition & Conference2017）において，アジア地域に代わる中近東という新たな海外市場の獲得を目指して多連装ロケットシステム（ハンファ），K9自走砲（ハンファテックウイン），K10弾薬運搬装甲車（ハンファテックウイン），熱線観測装置等の総合軍事監視システム（ハンファシステム），K21歩兵戦闘車両（ハンファディフェンス）等の軍事兵器を出展している。

　しかしながら，近年，防衛軍需産業は，不正問題や汚職事件を指摘されている。例えば，韓国航空宇宙産業（以下，「KAI」とする）は，1999年に，現代宇宙航空，サムスン航空産業，大宇重工業の3社が合併して設立された団体であるが，KAIは，韓国製ヘリコプター「スリオン」，韓国型高等訓練機T-50，及び韓国製戦闘機FA-50の内需用原価（開発費用）を水増ししたとの嫌疑をかけられ，2017年9月23日に，KAIの河成竜（ハ ソンヨン）前代表が資本市場法違反，粉飾決算，賄賂供与等の容疑で逮捕され，さらに，7兆ウォン規模で進行している次期戦闘機事業を巡る不正も捜査対象に浮上している。

　なお，汚職事件ではないが，防衛軍需産業の一翼を担っている韓国財閥の後継者（2世・3世）の兵役義務逃れが批判の的に挙がっている。例えば，KBS報道チームの調査結果に拠れば，「韓国十大財閥一家の出身者628人中，米国出生者は119人であり米国籍保有者は10%に達し，韓国国籍を放棄した財閥一家の男性35人中，23人（65%）が兵役免除を受けている」[18]と報告されている。しかし，韓国の財政及び経済を主導する立場にある韓国財閥に生を受けた者が兵役義務（徴兵制）を果たさないことは国民感情からも批判を受けて当然である。

第3項　新世界のベンチマーキングとピエロ・ショッピング開業

　新世界（シン セ ゲ）グループは，サムスングループから独立した新世界百貨店とE-mart（イーマート）を擁する韓国財閥である。2018年，新世界グループは，韓国経済の景気減退を受けて，新たなビジネスチャンスを求めベンチマーキングにより「ピエロ・ショッピング」を江南（カンナム）エリアのCOEXMALL（コエックスモール）に開業した。

　ベンチマーキングとは，「他社の製品の製造プロセスや販売サービス等につ

---

[18]　http://japan.hani.co.kr/arti/politics/19749.html 参照。

いて詳細に比較し分析する」手法のことであるが，ベンチマーキングにもとづいて開業した「ピエロ・ショッピング」は，日本のドン・キホーテとビジネススタイルが類似しており，図表Ｖ-19に示すように，①多種多様な品揃え，②圧縮陳列方式，③安価な商品提供を特徴としている。

実際に，ピエロ・ショッピングは，店舗内に，生鮮食品，日用品，家電製品，化粧品等の多種多様な雑貨商品を圧縮陳列方式で1店舗当たり4万個程度陳列しているが，この品揃えは，1店舗当たり5万個程度陳列しているドン・キホーテの品揃えと比べても遜色がない。

また，ベンチマークの利点は，市場調査や商品開発に費やすコストを削減し，消費者の購買意欲を刺激する商品を提供できることにあるが，ビジネスにおいてベンチマークを活用しているのは「新世界グループ」だけではなく，韓国五大財閥に区分される「ロッテグループ」も「ディスカウントドラッグコスモス」を展開している日本の「コスモス薬品」を模して，スーパーマーケットとドラッグストアを融合させた新形態の店舗を展開している。

なお，ベンチマークの活用は，"模倣"と指摘されることもあり，日韓合弁企業の大創アソン産業は，2012年に"ダサソー"を展開している韓国企業を類似商標で提訴している。

【図表Ｖ-19】ドン・キホーテとピエロ・ショッピングに共通している販売方法

第Ⅵ章
韓国財閥の脱税・不正事件と社会的責任

第1節　コーポレートガバナンス改革の必要性

　韓国財閥の経営形態がファミリービジネスであると評される所以は，創業家出身の経営者が自己の利益確保を目的として，大統領，政治家，及び軍関係者との間で「婚脈」，「学縁（学閥）」，及び「地縁」という縁故関係に基づくインフォーマル・ネットワークを構築したことに起因する。そして，既述のような韓国財閥と大統領及び政治家との親密関係は，「政経癒着問題」を発生させたのである。

　実際に，韓国財閥と大統領の癒着は，政治的腐敗を生じさせ大統領に対する国民の信頼を失墜させると共に利害関係者の韓国財閥に対する信頼感を喪失させている。企業経営の企業統治が有効に機能するためには，「社外取締役の独立性」を確保することが求められており，社外取締役の独立性については米国においても認識されている。

　一方，韓国では，金大中大統領と盧武鉉大統領によるコーポレートガバナンス（Corporate Governance）改革が行われている。1998年，金大中大統領により提唱された韓国のコーポレートガバナンス改革では，図表Ⅱ-10に示すように，理事（取締役）総数の4分の1以上を社外理事（社外取締役）として選任することを決定した。

　しかしながら，韓国財閥の社外取締役の実態は，財閥創業家及び財閥総帥と直接利害関係を有する者と学縁関係者が多く，2011年度・韓国五大財閥における財閥創業家及び財閥総帥と利害関係を有する社外取締役数（比率）は，図表Ⅰ-1に示すように，サムスングループ12人（19.04%），現代自動車グループ8人（33.33%），SKグループ10人（18.18%），LGグループ7人（17.94%），ロッテグループ6人（23.07%）である。

　つまり，韓国財閥においては，約20%から30%の社外取締役が財閥創業家及

び財閥総帥と何らかの利害関係を有する者で占められ，「社外取締役候補推薦委員会」は形骸化し，必ずしも"社外取締役の独立性"が保たれているとはいえず改善することが求められる。

　また，太陽政策を掲げる盧武鉉 大統領によるコーポレートガバナンス改革では，韓国財閥に対して，出資総額制限が設けられた。出資総額制限とは，韓国財閥の無制限な拡大の抑制を目的として，1986年に資産総額合計4000億ウォン以上の大規模企業集団を対象として，系列企業の純資産の40％以内（1994年に純資産の25％以内に改正される）に制限することを義務づけたものである。但し，2002年には，規制対象が資産規模5兆ウォン以上の企業集団に変更された。しかし，歴代韓国大統領によるコーポレートガバナンス改革は必ずしも成功しているとはいえず，現実的には，韓国財閥の脱税・不正事件を防ぐことはできない。

　但し，歴代韓国大統領は，不遇な末路を辿るケースが多い。例えば，初代から3代までの李承晩大統領が国外逃亡し，崔圭夏4代大統領が軍事クーデターにより辞任し，5代から9代の大統領を務めた朴正熙が暗殺され，第11代から12代の大統領を務めた全斗煥が死刑判決を受け（後に，特赦を受ける），盧泰愚第13代大統領も懲役刑を受けている（後に，特赦される）。

　また，近年の韓国大統領の状況をみても，大統領とその近親者及び側近が，図表Ⅵ-1に示すような政治汚職及び不正事件を生起させており，そのため，財閥改革を実現するためには，大統領自身（大統領の近親者を含む）が政治汚職及び不正事件に関与しないことが求められる。

第2節　多発する韓国財閥の脱税・不正事件の分析

第1項　大宇グループの脱税・不正事件と財閥解体

　大宇グループは金宇中により創業されるが，北朝鮮出身の金宇中は苦学して延世大学校（経済学科）を卒業した後，サラリーマン生活を経て30歳で大宇実業を設立する。当時，韓国では，金宇中が主張した『世界経営論』に感銘を受ける者が増え，「世界は広く，やることは多い」という発言が流行語になるくらい立志伝中の人間として国民に衆知された存在であった。実際，金宇中は，全国経済人連合会会長の職に就き，次期大統領候補としても高く評価されたが，

第2節　多発する韓国財閥の脱税・不正事件の分析　　101

【図表Ⅵ-1】　近年の歴代韓国大統領の政治汚職及び不正事件

代	大統領名	経歴	事件内容
14代	金泳三 （キムヨンサム）	ソウル大学哲学科を卒業し，国会議員（当時，最年少国会議員）として政界入りし，民主化運動家としても活躍する。朴政権以来32年間続いた軍事政権を消滅させ文民政権と評された。大統領就任後は，質素を旨として政治と経済の癒着を厳しく監視した。また，大統領退任後は，早稲田大学客員教授の職に就く。	小頭領と評された次男の金賢哲（キムヒョンチョル）が利権介入に伴う脱税と斡旋収賄の容疑で逮捕された。
15代	金大中 （キムデジュン）	民主運動家として活躍し，民主化運動の首謀者として死刑判決を受けたこともある。大統領就任後，サムスンや現代自動車等の国内産業の育成に貢献する。また，大統領自身は，脱税・不正事件に関与することがなかったため2003年に任期満了で退任し，2009年に死去した際には国葬が執り行われた。	2002年に，国会議員である長男の金弘一（キムホンイル）が選挙資金絡みの不正である「陳承鉉ゲート（チンスンヒョン）」に連座し斡旋収賄罪により有罪判決を受け，さらに，次男の金弘業（キムホンオプ）と三男の金弘傑（キムホンゴル）も斡旋収賄罪で逮捕され罰金刑に処せられた。
16代	盧武鉉 （ノムヒョン）	貧家に生を受け，苦学して司法試験に合格し弁護士として活躍する。	大統領の兄と側近が収賄罪の容疑で逮捕され，大統領自身も6億円超の不正献金疑惑で事情聴取を受けた。2009年に検察庁の取り調べ後に，飛び降り自殺する。
17代	李明博 （イミュンパク）	日本に生を受け4歳まで日本（大阪市平野区）で過ごし，定時制商業高校から苦学して高麗大学商学部経営学科に進学する。しかし，在学中に，日韓会談に反対して国家内乱煽動の容疑で逮捕される。この逮捕歴のため就職することが難しく零細企業の現代建設に就職する。そして，現代建設社長として同社を16万人規模の大企業に成長させ，その後，ソウル特別市市長を経て政界入りする。	大統領の兄と側近が，土地不正購入に伴う収賄罪で逮捕されたため，大統領職を退任するが，2018年に，大統領在任中の収賄罪等の容疑で逮捕された。
18代	朴槿恵 （パククネ）	朴正熙（パクチョンヒ）大統領の長女として生まれ，両親を暗殺されるが，西江大学電子工学科に進学し首席で卒業する。国会議員として政界入りして東アジア初の女性大統領に就任する。但し，セウォル号沈没事件では，事件対応の悪さを国民から批判された。	2016年に，友人の崔順実（チェスンシル）（改名後・チェソウォン）の国政介入問題で逮捕・起訴・収監され，2017年に，大統領弾劾により罷免された韓国史上初の大統領となった。

102　第Ⅵ章　韓国財閥の脱税・不正事件と社会的責任

金宇中の京畿高校卒，延世大学出身という学歴も大統領候補に相応しいものである。

また，大宇グループは，図表Ⅵ-2に示すように，政府の庇護を受けて急成長を遂げ，系列会社41社，従業員数15万人を擁する資産規模第2位の大財閥にまで成長するが，この成長を支えたのが大統領との接近であった。なぜならば，金宇中は，「朴正熙の家族の家庭教師をした縁を最大限に利用して，多額の新規融資を条件として政府から多数の不良企業の引受を行うと共に，輸出支援策を採る政府から各種の特恵を受けることができた」[1]からである。つまり，大宇グループの多角化では，朴正熙との個人的な親密関係の構築が「不実企業」の経営を引き継ぐ際に有効に働き，海外からの借款を1年以上返済することができずに会社整理法の対象となり，銀行管理下に置かれている「不実企業」の経営を引き継ぐと共に，政府から政策金融の支援を受けることにも成功したのである。

【図表Ⅵ-2】韓国企業グループ資産ランキング
〈1999年度・韓国公正取引委員会資料〉

(単位：兆ウォン)

順位	企業集団	資産規模
第1位	現代	88兆8,060億
第2位	大宇	78兆1,680億
第3位	三星	61兆6,060億

(出所) http://jbpress.ismedia.jp/articles/-/41613参照。

実際に，大宇グループが自ら創設した企業は，大宇実業を除けば，僅かに東洋投資金融，海友船舶，大宇開発の3社だけであり，大宇グループの系列企業群は，図表Ⅵ-3に示すように韓国政府から経営権の譲渡を受けた「不実企業」により編成されている。

また，大宇グループは，朴正熙大統領が主導した"漢江の奇跡"と称される1960年代後半の経済成長下において急成長を遂げるが，歴史が浅い後発財閥であるため，先発財閥である現代，三星，ラッキーが引き受けないような「不実

---

(1) 深川由紀子著，『韓国・先進国際経済論』(日本経済新聞社，1997年) 112ページ。

第2節　多発する韓国財閥の脱税・不正事件の分析　　103

【図表Ⅵ-3】大宇グループ傘下になった不実企業

年	企業名
1973年	双美実業・三洲ビルディング・交通ビル・新星通商・東洋証券・東南電気・栄進士建
1974年	交通会館・大元繊維
1975年	大韓教育保険・ピリオス
1976年	韓国機械工業
1977年	大成工業・製鉄化学・大洋船舶
1978年	セハン自動車・源林産業・新亜造船・東国製油

（出所）チェ・ジョンピョ著,『韓国財閥史研究』（ヘナム図書出版, 2014年）153-159ページ, 趙東成著,『韓国財閥研究』（毎日経済新聞社, 1990年）245-263ページ, 木下奈津紀稿,「韓国における軍事政権と財閥―「新興財閥」大宇を事例として―」（愛知淑徳大学大学院, 2017年）33ページ。

企業」の経営権を得ることにより事業拡大を図ったため, 1999年4月には負債金額が59兆円まで膨らんだ。そして, これに追い打ちをかけたのは, 1997年に発生した世界金融危機であり, 経営不振に陥った大宇グループは, グループ総帥の金宇中が約20兆ウォンの粉飾決算と9兆8,000億ウォンにのぼる詐欺・不正融資を指示すると共に財産を海外に持ち出したのである[2]。そのため, ソウル中央地裁・刑事合議第23部は,「財閥グループ総帥としての社会的な責任と企業の倫理を忘却し, 企業規模の拡大に執着した挙句に, 国内財界ナンバー2の存在である大宇グループの倒産を招いた」として金宇中被告を起訴したのである。海外逃亡中の金宇中総帥は, 帰国後に財産刑として過去最大の「懲役10年, 罰金1,000万ウォン, 追徴金21兆4,000億ウォン」の判決を言い渡されたが, 大宇グループ・金宇中総帥が, 国家に及ぼした悪影響に鑑みたならば妥当な量刑である。

第2項　SKグループの脱税・不正事件と総帥復活

SKグループは, 度重なる不正事件を繰り返し, グループの財閥総帥が実刑判決を受けながらもグループの財閥総帥の座に復活しているのである。

---

(2) 東亞日報（http://japanese.donga.com/List/3/all/27/293465/1）参照。

104 第Ⅵ章 韓国財閥の脱税・不正事件と社会的責任

　2003年，SK 会長の崔泰源は，特別経済犯罪加重処罰法の背任容疑（粉飾決算容疑）で検察庁に起訴された。しかし，SK グループは，韓国の政界，財界及びマスコミ界に巨大な婚縁ネットワークを構築しているため，崔泰源はこの婚縁ネットワークを活用し保釈金１億ウォンを支払い，短期間で財閥グループの会長職への復帰を果たしている。例えば，2008年，崔泰源は，SK テレコムと SKC&C の系列２社から497億ウォン（約41億円）を横領した罪状により在宅起訴され懲役４年の実刑判決を受けたがすぐに財閥総帥に復活している。その後，2011年12月29日，財閥総帥である崔泰源会長の弟である崔再源 主席副会長が横領の容疑でソウル中央地検に拘束起訴され（後に，保釈），2012年１月５日には，財閥総帥である崔泰源会長自身も在宅起訴された。本件では，SK テレコム，SKC&C，SK ガス等の SK グループ系列企業18社が投資会社であるベネックスインベスト社に総額2,800億ウォンを投資したが，そのうち992億ウォンが実際には投資されずにベネックスインベスト社のキムジュンホン代表の借名口座を通じてキムウォンホン元 SK 海運顧問に流れたことが問題視されたのである[3]。

　しかし，2015年８月13日，韓国政府は，光復節（日本による植民地支配からの解放）70周年に際して，経済活性化のための大型投資と雇用拡大を期待し，横領罪で懲役４年の実刑判決で収監されていた崔泰源会長に対して大統領特赦を与えた。つまり，SK グループは，度重なる不祥事を生起させながらもその都度，財閥頭領が復権を果たすという特異な存在なのである。

　ところで，2006年当時の SK グループは，図表Ⅵ-4に示すように，「循環出資」を行っていた。例えば，崔泰源会長は，SKC&C の持ち株の45％をそれぞれ所有し，SKC&C は SK の持ち株の11％を所有していた。そして，SK は，SK テレコムの持ち株の21％・SKC の持ち株の46％・SK ネットワークの持ち株の41％を所有し，SK ネットワークは SK 証券の持ち株の23％を所有し，SKC は SK 証券の持ち株の12％を所有し，SK テレコムが SKC&C の持ち株の30％を所有していたのである。

⑶　日本貿易振興機構（ジェトロ）アジア経済研究所編，「『経済民主化』で注目される財閥オーナーの裁判」（2013年）１ページ。

【図表Ⅵ-4】SK グループの持株構造と循環出資（2006年4月時点）

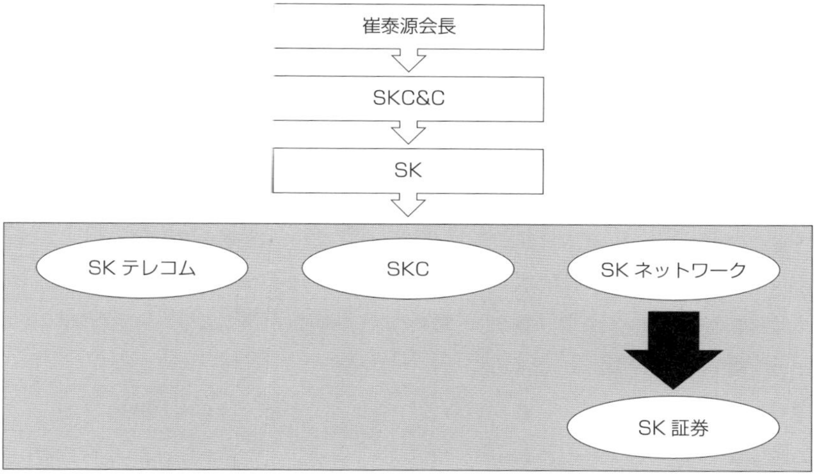

崔泰源会長

SKC&C

SK

SK テレコム　　　SKC　　　SK ネットワーク

SK 証券

（出所）日本貿易振興機構（ジェトロ）アジア経済研究所編,「『経済民主化』で注目される財閥オーナーの裁判」（2013年）3ページ。

第3項　その他の脱税・不正事件と韓国財閥の変遷

　1997年から2016年までの韓国経済は,「名目国内生産（GDP）が97年の5,542億ドルから1.4兆ドルへ拡大し世界第11位に伸長し, 1人当たりの国民総所得（GNI）も1万2,059ドルから2万7,561ドルへ増加し, 空っぽ同然であった外貨保有高は3,711億ドルにまで増えた」[4]というように好調に推移している。

　しかしながら, 韓国財閥の生存競争は激しく, 1997年当時の上位20社の韓国財閥のうちで, 現在までその地位を保っているのは, 図表Ⅵ-5に示すように, サムスン, 現代自動車・現代重工業, SK（鮮京）, LG, ロッテ, ハンファ, 斗山（トゥサン）, 韓進, 大林, 錦湖アシアナ等などの約半数であり, 社会経済の変化に順応できなかった韓国財閥は生き延びることができなかった。

　また, 中堅の韓国財閥の経営も厳しく, 2012年, 熊津グループが, 積極的なM&Aに失敗して経営破綻し, 2013年, 東洋グループの関連会社5社が法定管理（会社更生法）の申請手続きを行い, STXグループもウォン高の影響を受け

―――――――――――
[4] https://premium.toyokeizai.net/articles/-/15981参照。

106　第Ⅵ章　韓国財閥の脱税・不正事件と社会的責任

【図表Ⅵ-5】韓国財閥の変遷

1997年ランキング		2014年ランキング		2017年ランキング	
順位	企業集団	順位	企業集団	順位	企業集団
第1位	現代（ヒュンダイ）	第1位	サムソン	第1位	サムスン
第2位	サムスン	第2位	現代自動車（ヒュンダイ）	第2位	現代自動車（ヒュンダイ）
第3位	LG	第3位	SK	第3位	SK
第4位	大宇（テウ）	第4位	LG	第4位	LG
第5位	鮮京（SK）	第5位	ロッテ	第5位	ロッテ
第6位	雙龍（双龍・サンヨン）	第6位	POSCO（ポスコ）	第6位	POSCO（ポスコ）
第7位	韓進（ハンジン）	第7位	現代重工業（ヒュンダイ）	第7位	GS
第8位	起亜自動車（キア）	第8位	GS	第8位	韓火（ハンファ）
第9位	韓火（ハンファ）	第9位	農協	第9位	現代重工業（ヒュンダイ）
第10位	ロッテ	第10位	韓進（ハンジン）	第10位	農協
第11位	錦湖（クムホ）	第11位	韓火（ハンファ）	第11位	新世界
第12位	ハンラ	第12位	KT	第12位	KT
第13位	東亜建設（トンア）	第13位	斗山（トゥサン）	第13位	斗山（トゥサン）
第14位	斗山（トゥサン）（ドゥサン）	第14位	新世界	第14位	韓進（ハンジン）
第15位	大林（デリム）	第15位	CJ	第15位	CJ
第16位	ハンソル	第16位	LS	第16位	富栄（プヨン）
第17位	暁星（ヒョソン）	第17位	大宇造船海洋（テウ）	第17位	LS
第18位	東国製鋼（ドングック）	第18位	錦湖アシアナ（クムホ）	第18位	大林（デリム）
第19位	眞露（ジンロ）	第19位	東部（トンブ）	第19位	錦湖アシアナ（クムホ）
第20位	コーロン	第20位	大林（デリム）	第20位	大宇造船海洋（テウ）

（注）企業集団のなかには，国有企業が含まれていない。
（出所）韓国公正取引委員会，及び https://premium.toyokeizai.net/articles/-/15981 を基に作成。

て経営破綻し銀行管理下に入った。そして，既述のような生存競争のなかで，図表Ⅵ-6に示すように，財閥総帥が引き起こす不正会計や脱税等の不正事件の多さを指摘できるが，特筆すべきことは，五大韓国財閥のみならず中堅韓国財閥においても不正・脱税事件が多発していることである。

【図表Ⅵ-6】 主な韓国財閥の不正会計・税務事件と経営破綻

発生年	財閥名	犯罪内容
2006年	現代自動車	現代自動車会長が，役員と共謀して系列会社の資金を不正送金し同社に3,000億ウォンの損失を与え横領容疑で逮捕された。
2012年	韓火 （ハンファ）	韓火会長は，背任や横領等の経済犯罪により，懲役4年，罰金51億ウォンの実刑判決を受けた。
2013年	CJ	CJ会長は，租税回避地を活用した秘密資金運用による脱税の容疑でソウル中央地検の調査を受けた。
	暁星 （ヒョソン）	暁星会長は，海外事業による赤字補填を目的として約1兆ウォンの粉飾会計により法人税を脱漏した脱税容疑でソウル国税庁により追徴課税され検察告発も受けた。
2014年	韓進 （ハンジン）	大韓航空（Korean Air Lines）副社長は，私的理由で航空機の運航を妨害するという「ナッツ・リターン騒動」を引き起こした。
2015年	ロッテ	韓国ロッテは，グループ間の取引を利用して数十億ウォン規模の裏金を作ったと指摘された。
2016年	ロッテ	ロッテグループ創業家は，6,000億ウォン（約550億円）の脱税疑惑，及びロッテ建設の約500ウォン台の秘密資金疑惑で韓国検察の調査を受けた。加えて，韓国公正取引委員会から系列会社の株式保有報告書に虚偽があると指摘された。
	サムスン 現代自動車 SK，LG ロッテ，韓火 韓進，CJ	朴槿恵（パククネ）政権と韓国財閥における不透明な資金の流れを巡り韓国財閥への批判が嵩じ，サムスン，現代自動車（ヒュンダイ），SK，LG，ロッテ，韓火（ファ），韓進（ハンジン），CJ等の多くの財閥総帥が韓国検察庁の参考人聴取を受け，2016年12月10日，朴槿恵大統領の弾劾訴追案が国会で可決された。
2017年	サムスン	サムスン電子副会長は，朴槿恵大統領側に数百億ウォンの賄賂を贈った容疑で逮捕された。
2018年	ロッテ	ロッテが朴槿恵大統領側と友人の崔順実（チェスンシル）（改名後・チェソウォン）が関与する財団に70億ウォンの賄賂を提供したとして，ロッテグループ会長は，懲役2年6か月の実刑判決を受けた。

（出所）髙沢修一著，『ファミリービジネスの承継と税務』（森山書店，2016年）119ページを基に作成。

第3節　韓国財閥の脱税・不正事件の原因と国民批判

第1項　韓国財閥に対して寛容な司法及び行政に対する批判

　従来，韓国の司法及び行政は，財閥総帥の犯罪に対して寛容な態度で臨んできた。例えば，SK グループの崔泰源会長は度重なる不正事件に関与しながらも，「国家経済に関与したことを勘案して」という理由で執行猶予付きの判決となり，その後，特別赦免となり，同様に，サムスングループは2007年に，現代自動車は2008年にそれぞれ財閥会長が起訴されているが，現代自動車グループの鄭夢九会長も実刑判決（一審判決）を受けるが控訴審では執行猶予付きの有罪判決となり，後に赦免され，そして，執行猶予付き有罪判決を受けたサムスングループの李健熙会長も「平昌オリンピック招致委員長として国に貢献させるため」という理由で特別赦免になり，その後，サムスングループの会長に復職している[5]。

　つまり，韓国財閥は，既述のように，財閥総帥が生起した脱税や粉飾決算等の不祥事について国民から社会的批判を受けているのにもかかわらず，財閥総帥は，刑事告訴後に短期間で社会復帰を果たしている。実際のところ，韓国財閥の総帥は，公的資金の私的使用及び不正会計に対する倫理観が希薄であり，事業展開のためであればビジネス慣習としての賄賂の収受についても寛容なビジネス慣習が韓国社会に醸成されているのである。そして，財閥総帥が早期に財界復帰できている理由としては，政治家と官僚を組み込んだ「婚縁」を効果的に活用しているためであると考えられる。そのため，韓国財閥は，単なるビジネス上の利点だけでなく，あらかじめ経済犯罪による刑事告訴の発生を想定して「婚縁」を構築し，創業家一族によるファミリービジネスの基盤を強固なものにしているのではないかと推測できるのである。

　ところで，韓国財閥に対する寛容な司法及び行政の遠因となった「政経癒着問題」の発生は，軍事クーデターにより誕生した朴正熙政権にまで遡ることができる。朴正熙政権は，銀行を国有化するという施策を行うが，当時年30%のインフレに対して，銀行からの借入利息は15%であるのに対して，外資借入利息は6%にしか過ぎず，そして，この外資からの借入は政府高官の判断に委

---

(5)　前掲注(3) 2 ページ。

ねられていたため，図表Ⅵ-7に示すように，各財閥は特恵を得ることを目的として政権担当者に対して巨額の賄賂を提供することになり，「政経癒着問題」が発生することになる[6]。

【図表Ⅵ-7】主な韓国財閥の大統領に対する提供額（単位：億ウォン）

盧泰愚大統領		全斗煥大統領	
企業名	提供額	企業名	提供額
三星	250	現 代	220
現 代	250	三星	220
大宇	240	東亜	180
東亜	230	韓進	160
ラッキー金星（LG）	210	大宇	150
韓進	170	ロッテ	150
韓宝	150	鮮京（SK）	150
ロッテ	110	韓一	150
漢陽	100	ラッキー金星（LG）	100
真露	100	錦湖	70
韓一	100	味元	70
合計	1,910	韓火	70
		合計	1,690

（出所）日経産業新聞（1996年1月24日）参照。

第2項　外部監視機能の不備と「金英蘭法」制定の効果

　韓国のコーポレートガバナンスは，「外部ガバナンス」と「内部ガバナンス」の二つの側面を有しているが，外部ガバナンスの視点から検証したならば，1970年代の韓国は日本や米国に比べて金融機関が未成熟であり資本市場も未整備であったため外部ガイダンスが機能しているとはいえなかった。つまり，資本経済下において，米国では，金融機関を中心とする資本市場が効果的に企業

───────────

(6)　池東旭著，『韓国の族閥・軍閥・財閥』（中央新書，1997年）140-144ページ。

経営を監視し，日本では，企業と恒常的に安定した取引関係を有している金融機関（メインバンク）が効果的に企業経営を監視することにより「外部ガバナンス」が機能してきたのに対して，韓国では，資本市場の担い手である金融機関自体が政策金融の橋渡し的存在にしか過ぎなかったため，「外部ガバナンス」の役割を果たすことができなかったのである[7]。

その後，韓国においても金融機関（メインバンク）の成長に伴い資本市場が構築されるが，外部監視機能が強化され大統領と政治家を巻き込んだ韓国財閥総帥を巡る不透明な企業経営が是正されることはなかった。そのため，韓国では，韓国財閥総帥の不透明な企業経営に対する批判が多く，富める者（特定財閥）と富めない者（中小企業）との間の経済的な格差と，財閥が生起する不正会計と脱税も社会問題化している。そして，韓国財閥の総帥を巡る脱税や粉飾決算等の税務事件では，刑事告訴される財閥総帥も出現したのである。

現在，韓国では，政治家及び公務員と韓国財閥及び韓国企業との癒着を防ぐことを目的として，「金英蘭法」が制定されたが，この金英蘭法では，図表Ⅵ-8に示すように，公務員，私立学校教職員，及び報道関係者を「公職者等」と位置づけ，公職者等と配偶者に対する利益供与を制限することを目的として公職者等に対する接待行為の金額に上限が設けられており，1回の食事3万ウォン，贈答物5万ウォン，及び慶弔費10万ウォンを上限とし，公職者等に対する提供額が100万ウォン（約9万2千円），年間合計300万ウォン（約27万円）を超えたならば，3年以下の懲役又は3千ウォン以下の罰金が科せられる[8]。

しかしながら，金英蘭法は，韓国社会に「公益申告」という新たな問題を生み出すと共に，消費経済を冷え込ませるという経済的損失を生じさせている。例えば，韓国の中央銀行に相当する韓国銀行総裁は，「金英蘭法が中長期的には社会の透明性を高め，効率を高めるためにうまく機能するが，短期的には一部のサービス業を中心に需要が冷え込み，さらには雇用にも否定的な影響を与えうる」[9]と指摘する。

---

(7) 高龍秀稿，「韓国のコーポレート・ガバナンス―資金調達・株主構造を中心に―」『甲南経済学論集』第50巻第1・2・3・4号（甲南大学，2010年）56ページ。

(8) 髙沢修一著，『近現代日本の国策転換に伴う税財政改革』大東文化大学経営研究所研究叢書35（大東文化大学経営研究所，2017年）154ページに詳しい。

(9) 東洋経済（https://toyokeizai.net/articles/-/139925）参照。

第3項　韓国財閥に求められる企業の社会的責任の在り方

今日，サムスングループ，現代―起亜自動車グループ，SKグループ等の韓国財閥に対しては，グローバル企業の一員として「企業の社会的責任」を担う

【図表Ⅵ-8】金英蘭法の概要

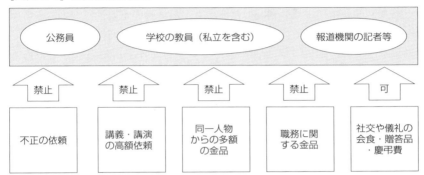

（出所）http://mainichi.jp/articles/20160929/ddm/007/030/169000c 参照。

韓国・ソウルの飲食店風景（著者撮影・2016年）

112 第Ⅵ章 韓国財閥の脱税・不正事件と社会的責任

ことが求められている。

　しかし，企業の社会的責任についての明確な定義は存在しておらず，一般的に，企業に課せられた社会的責任のことを「CSR（Corporate Social Responsibility）」と称する。例えば，シェルドン（Sheldon. O）は，CSR について，「企業の根幹を成す労働者を単なる労働力として捉えるのではなく，市民として認識し市民生活の利益のためにも余暇活動の重要性についても考慮するべきである」[10]と説明し，企業経営における労働者の人間性について重視している。つまり，CSR は，メセナやフィランソロピーと混同されがちであるが，メセナが「文化事業及び芸能活動に対する資金援助」であり，フィランソロピーが「社会的な奉仕活動に伴う資金的援助」であるのに対して，CSR は，単なる資金的な援助に加えて人間性や人的繋がりも重視している点において異なるのである。

　今後，韓国財閥は，政経癒着や脱税・不正事件という負のイメージを脱却し，国内外の消費者からの信頼を得ることを目的として CSR 事業を展開するべきである。

　また，韓国財閥の CSR の推進方法としては，図表Ⅵ-9に示すような①現金の寄付，②製品及びサービスの無償提供，③財団設立に伴う寄付が挙げられるが，「財団設立に伴う寄付」を活用することが多い[11]。

　そして，韓国財閥の CSR 戦略は，従業員の安定供給を視野に入れた奨学金の支給等の教育支援を目的としたものが主であったが，SK グループは「ヘンボックスナヌム財団」を設立し，貧困階層に属する欠食高齢者及び児童に対してお弁当を提供する「幸せ弁当事業（ヘンボックドシラク事業）」という CSR を展開している。

　また，SK グループは，度重なる不正事件を繰り返し，国民的批判を受けている韓国財閥グループであるが，「ヘンボックスナヌム財団」の設立は贖罪の表れとして認識できる。実際に，ヘンボックスナヌム財団の社会貢献事業は，

---

[10]　Sheldon. O. (1924), "The Philosophy of Management", Sir Isasc Pitman and Sone Ltd. 企業制度研究会訳，『経営のフィロソフィ』（雄松堂書店，2010年）84ページ。

[11]　尹敬勲稿，「韓国財閥企業の CSR 戦略と社会的起業の創造—SK グループの『ヘンボックナヌム財団』の事例を中心として—」『流通経済大学論集』46（流通経済大学，2012年）202ページ。

【図表Ⅵ-9】主な韓国財閥の大統領に対する提供額

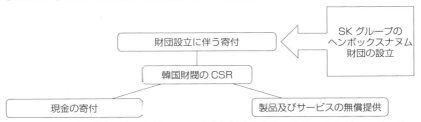

（出所）尹敬勲稿，「韓国財閥企業のCSR戦略と社会的起業の創造―SKグループの『ヘンボックナヌム財団』の事例を中心として―」『流通經濟大学論集』46（流通経済大学，2012年）202ページ。

①貧困層の欠食高齢者及び児童のためにお弁当を提供する事業，②職業訓練教育，③青少年の文化・芸術教育の支援，④社会的弱者の働き先を提供する社会的起業の支援と広範多岐にわたっており国民からの評価が高い[12]。

現在，韓国では，政治家及び公務員と韓国財閥及び韓国企業との癒着を防ぐことを目的として，「金英蘭法（キムヨンラン）」を制定したが，韓国財閥に対する国民の信頼を高めるためには，「金英蘭法」のような罰則規定を設けることも有効であるが，それよりも韓国財閥のなかに「企業の社会的責任」という考えを醸成することが求められる[13]。

第4節　不正防止とコーポレートガバナンスの確立

第1項　集中投票制の義務化と社外取締役の独立性の強化

韓国財閥では，商法上の規定に基づいて選任されていない財閥総帥の権限が極めて強く，財閥総帥直轄の司令部署（会長秘書室等）において財閥総帥及び創業家の独占的な意思決定がなされるため「内部ガバナンス」は不十分な状態であり，この内部ガバナンスの不備が韓国財閥を巡る脱税・不正事件を頻発化

---

[12]　前掲注(11)205ページ。
[13]　大韓航空の「ナッツ・リターン騒動」や「広告代理店へのパワハラ問題」は有名であるが，韓国財閥3世の横暴には目を見張るものがある。例えば，韓国財閥3世である韓国建設大手の大林産業（デリム）副会長もパワハラ問題を起こしている。この他，韓国財閥3世で大麻所持及び使用や買春容疑をかけられている者も多い。

114　第Ⅵ章　韓国財閥の脱税・不正事件と社会的責任

させているのである。

　また，金大中大統領のコーポレートガバナンス改革では，「集中投票制」の
導入が提唱されたが，集中投票制度とは，「2人以上の取締役を選任する場合
には，各株主に1株ごとに選任する取締役の数と同じ数の議決権を付与し，そ
の議決権を取締役候補者1人または数人に集中して投票する方法」のことであ
り，集中投票制を導入すると大株主が支持する取締役によって取締役会が掌握
されることを防げる効果があり，少数株主の権利が守られると共に株主権の強
化に繋がるのである[14]。そして，金大中大統領のコーポレートガバナンス改革
では，「2000年中に，総資産2兆ウォン以上の大規模上場法人に対して，3名
以上に社外取締役を拡大し，2001年以後に取締役の2分の1以上に社外取締役
を設けることに拡大する」ことが提案され，2000年1月，証券取引法の改正に
伴い，総資産2兆ウォン以上の金融機関及び上場・登録法人を対象として社外
取締役制度が導入され，併せて，監査委員会も設置されたのである。

　つまり，金大中大統領のコーポレートガバナンス改革では，社外取締役選任
の透明性と社外取締役の独立性の確保を制度的に保障することを目的として，
総資産2兆ウォン以上の証券会社と上場・登録法人及び銀行法上の金融機関を
対象にして，「社外取締役が総員の半数以上になるように構成された『社外取
締役候補推薦委員会』の設置が強制され，この委員会の推薦を受けた候補者の
中から，株主総会において社外取締役を選任すべきこととされた」[15]のである。
既述のように，韓国では，「支配株主との関係や経営者との親族関係など，当
該会社の経営に影響を及ぼす可能性のある者について徹底した排除規定を設け
ることにより，社外取締役の社外要件を取締役としての独立性に強く求めてい
る」[16]のである。そのため，2011年度・韓国五大財閥の社外取締役数（比率）に
拠れば，図表Ⅰ-1に示すように，サムスングループ63人（48.46％），現代自動
車グループ24人（45.28％），SKグループ55人（48.67％），LGグループ39人
（51.32％），ロッテグループ26人（50.98％）と日本の上場・大手企業と比べる

───────────

[14]　金弘基稿，「韓国の大規模の企業集団とコーポレートガバナンスの問題点と改善方向」
　　　『エトランデュテ』在日本法律家協会会報・創刊号（2017年）147ページ。
[15]　日本監査役協会韓国調査団・韓国調査団報告書「韓国のコーポレート・ガバナンス―
　　　IMF管理体制後の推移と日本への示唆―」（2002年）7ページ。
[16]　前掲注[15]11ページ。

と高い数値を示しており，韓国財閥系列企業における社外取締役の重要性を認識できる。

しかしながら，韓国財閥の社外取締役の実態は，財閥創業家及び財閥総帥と直接利害関係を有する者と学縁関係者が多く，2011年度・韓国五大財閥における財閥創業家及び財閥総帥と利害関係を有する社外取締役数（比率）は，図表 I -1に示すように，サムスングループ12人（19.04％），現代自動車グループ 8 人（33.33％），SK グループ10人（18.18％），LG グループ 7 人（17.94％），ロッテグループ 6 人（23.07％）である。

つまり，韓国財閥においては，約20％から30％の社外取締役が財閥創業家及び財閥総帥と何らかの利害関係を有する者で占められ，「社外取締役候補推薦委員会」は形骸化し，必ずしも"社外取締役の独立性"が保たれているとはいえず改善することが求められる。

第2項　女性取締役の登用と発言力のある機関投資家の活用

韓国社会は，少子高齢化が急速に進行しており，労働人口の約半数を占める女性労働力の活用が求められている。そのため，韓国政府は，女性労働力の活用を目的として，2005年12月に男女雇用平等法を改正し，2006年 3 月 1 日から積極的雇用改善措置制度を実施した。

そして，これらの韓国政府の施策の結果，韓国統計庁『経済活動人口調査』に拠れば，「1968年から2012年までの男女別労働力率の動向は，男性の労働力率が1968年の79.0％から2012年までに73.3％まで低下しているのに比べて，同期間における女性の労働力率は39.1％から49.9％まで10.8ポイントも上昇している」[17]のである。

しかし，2014年現在，韓国企業における社員のうちに占める女性取締役の割合は，経済協力開発機構（OECD）の調査資料に拠れば0.4％であり，男性取締役（2.4％）の約 6 分の 1 に過ぎず，経済協力開発機構加盟国のうちで関係資料の存在する30か国中で最低の数値である[18]。

また，日本経済新聞と QUICK・ファクトセットの協力により調査したとこ

---

[17] 金明中稿，「韓国における女性の労働市場参加の現状と政府対策―積極的雇用改善措置を中心に」『Special Issue』No. 643（2014年）92ページ。

[18] http://japan.hani.co.kr/arti/economy/23515.html 参照。

ろでは，女性取締役が 1 人以上いる上場企業の比率は韓国が12.8％と，54か国中53位であった[19]。例えば，サムスン電子の女性取締役は48人（4.0％）であるが，現代自動車（0.8％），SK イノベーション（3.7％），ポスコ（1.3％），LG 電子（0.6％）の女性取締役数は僅少である[20]。

　現在，国際的に多様性の実現が叫ばれているが，多様性は企業の創造性と生産性を高めると共に，企業統治の面においても重要であると認識できる。

　しかし，韓国における女性取締役の登用は，永年にわたり韓国社会に存続する家父長制度が会社組織においても残存しているための弊害であり，先進国に比べると著しく遅れていると推測できる。そして，韓国社会における男尊女卑は，儒教の影響を受けて男系の嫡子により事業承継され創業家支配が行われている韓国財閥において特に顕著に窺える傾向である。

　また，2014年に，チョ・ヒョンア大韓航空（Korean Air Lines）副社長（当時）が引き起こした「ナッツ・リターン騒動」と，2018年に，チョ・ヒョンミン大韓航空専務（当時）が引き起こした「パワハラ事件」は，韓国財閥における女性取締役のイメージを低下させ，加えて，韓国初の女性大統領である朴槿恵大統領が生起させた朴政権と韓国財閥における不透明な資金の流れを巡るスキャンダルも女性管理職のイメージを低下させているのである。例えば，大韓航空（Korean Air Lines）のチョ・ヒョンミン専務は，同社の広告を担当する広告代理店との打ち合わせの会議中に，水の入ったコップを床に投げ捨てて，声を荒げて怒鳴ったとしてパワハラ疑惑を受けた。そして，このパワハラ疑惑を契機に，創業者一族が海外で購入した物品を会社購入の物品と偽り，輸送費や関税を支払っていないのではないかという疑惑が浮上した。

　しかしながら，韓国財閥において円滑な企業統治を実現するためには，調整感覚やバランス感覚に優れた女性取締役を積極的に登用することが求められる。

　勿論，韓国財閥においても高い評価を受けている女性経営者も存在し，例えば，CJ グループの李美敬（ミキー・リー）は，韓国の映画・音楽産業の育成・成長に貢献し，財閥総帥である弟の李在賢会長の逮捕後に，CJ グループ CEO（最高経営責任者）に就いている。そして，CJ グループの系列下にある CJ エンターテイメントは，リメイク版の展開という経営戦略に基づいて，韓国国内の

────────────
[19]　日本経済新聞（2018年 3 月17日）参照。
[20]　日本経済新聞（2018年 3 月17日）参照。

第 4 節　不正防止とコーポレートガバナンスの確立　117

映画配給の約30％を占めるばかりでなくアジア映画界を代表する存在に成長している[21]。

　また，韓国財閥系企業におけるコーポレートガバナンスの改善においては，機関投資家の役割にも注目したい。韓国財閥系列企業の投資家の多くは，財閥創業家及び財閥総帥の独占的な経営判断に対して発言する機会が少なく利益相反行為を見逃すケースも多く，機関投資家の投資対象が機関投資家の親会社やグループ系列会社，又は，主要顧客である場合に財閥創業家及び財閥総帥の経営陣に対して友好的な意思決定をする可能性が高いのである[22]。例えば，2013年上半期に開催された有価証券市場の公開上場会社の定期株主総会において，僅かに１件でも反対議決権を行使した機関投資家は，全体の23.8％にしか過ぎず，５件以上の案件に反対議決権を行使した機関投資家の多数は独立した外資系資産運用会社であった[23]。

　一般的に，株主総会で物議を醸すことも多いため"物言う株主"に対しては円滑な企業経営を損なうという批判的な見解もあるが，韓国のコーポレートガバナンス改革においては，企業経営に多大な影響力を有する機関投資家が発言力の高い株主に変わることを期待したい。

---

[21]　米国のハリウッド大手映画会社でリメイクされた映画としては，「イルマーレ」，「猟奇的な彼女」，「親切なクムジャさん」，及び「セブンデイズ」等が挙げられる。

[22]　前掲注[14]153ページ。

[23]　カン・ユンシク他稿，「支配構造改善のための機関投資家の役割」『コーポレートガバナンスのレビュー』第74巻（韓国取引所，2014年）5-6ページ。

118　第Ⅵ章　韓国財閥の脱税・不正事件と社会的責任

《参考資料》Samsung Sustainability Report（2018）

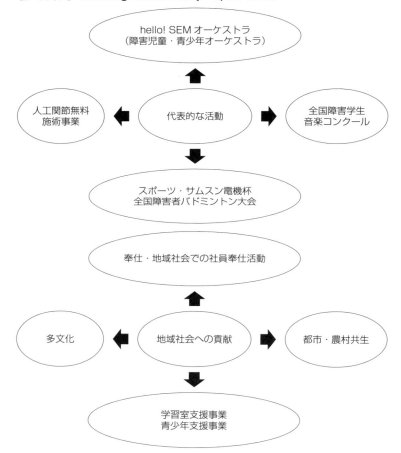

第Ⅶ章　結　論

　現在，大韓民国（以下，「韓国」とする）の経済は低迷しているが，韓国経済において重要な位置を占めているのが韓国GDP（国内総生産）の4分の3を占める「韓国財閥（Korean Chaebol）」の存在であり，韓国財閥の象徴でもある四大財閥（サムスン・現代自動車・LG・SK）で韓国GDPの約60％を担っている。

　つまり，韓国財閥は，様々な成長戦略や税務戦略を駆使して外貨獲得のためにグローバル化を進展させると共に，新たなビジネスチャンスを求めて積極的に活動しているのである。

　また，韓国財閥では，家族経営（以下，「ファミリービジネス」とする）が企業経営の主体となっている点において日本企業との同質性が窺える。なぜならば，日本の経営実態も，韓国財閥と同様に，創業者又は創業家一族が上場企業の最大株主として経営トップを担っている割合が約40％と高く，韓国財閥のファミリービジネスを主体とする韓国社会と類似しているからである。

　勿論，日本と韓国のファミリービジネスを全ての面で同一視すべきではないが，日本と韓国のファミリービジネスは，創業者及び創業家一族が企業経営を支配している点において企業形態上の同質性を窺え，韓国財閥の粉飾・不正会計及び事業承継の失敗を教訓とするべきである。

　実際に，韓国においても，健全な企業会計を実施し法人税の納税を遵守すると共に，利害関係者の支持を得られるような企業経営や事業承継を行っている韓国財閥は，厳しい経営環境下であっても成長し続け，逆に，粉飾・不正会計等の不祥事を起こしている韓国財閥は，経営破綻し韓国経済に大きな打撃を与えており，企業経営におけるコーポレートガバナンス（Corporate Governance）の重要性を示唆している。

　このコーポレートガバナンスの重要性は，日本においても認識されており2014年に会社法が改正されたが社外取締役選任の義務化は見送られたが，企業経営の企業統治が有効に機能するためには，「社外取締役の独立性」を確保す

120　第Ⅶ章　結　論

ることが重要であり，この社外取締役の独立性については，日本だけではなく
米国や韓国においても認識されている。例えば，米国のニューヨーク証券取引
所において"社外取締役の独立性"に関する規定が厳格化されたが，1998年，
金大中 大統領により提唱された韓国のコーポレートガバナンス改革において
も理事（取締役）総数の４分の１以上を社外理事（社外取締役）として選任す
ることを決定した。つまり，韓国財閥がファミリービジネスであると評される
所以は，創業家出身の経営者が自己の利益確保を目的としてインフォーマル・
ネットワークを用いた経営手法を導入していることにある。

　一般的に，韓国財閥のファミリービジネスを形成するインフォーマル・ネッ
トワークとしては，「血縁」，「地縁」及び「学縁（学閥）」が挙げられることが
多く，特に，出身校による「学縁（学閥）」と財閥間の婚姻関係による「婚脈」
の結びつきが強い。例えば，「学縁（学閥）」は，"大統領選挙"を巡るインフォ
ーマル・ネットワークとして認識され，「婚脈」は"財界"を巡るインフォーマ
ル・ネットワークとし認識されるが，韓国財閥は，「学縁（学閥）」と「婚脈」
を用いて大統領との強固な人脈を構築し，大統領からの政治的支援を得て事業
規模を伸長させたのである。つまり，外需依存型の経済構造下において韓国財
閥の経済支配が伸長する過程で，韓国財閥と大統領の行き過ぎた結びつきの強
さが「政経癒着問題」を発生させたと推測できる。但し，韓国経済を主導した
韓国財閥のファミリービジネスに対しては，ファミリーによる家族経営とトッ
プダウン型のリーダーシップは，オーナー経営者の意思決定を迅速にマネジメ
ントに反映させると共に，将来性の期待できる新分野に積極的に進出できる点
で優れており韓国経済の発展に寄与したとも評される。しかし，創業者及び創
業家一族が企業経営を支配しているというファミリービジネスの企業形態は，
韓国財閥における粉飾決算及び不正会計の温床となっているのも事実であり，
韓国財閥の創業家における相続争いや事業承継の失敗は日本の企業経営の示唆
となりえる。実際，韓国財閥のファミリービジネスに対しては様々な金融支援
（追加融資・金利減免）や税制支援（血税支援の投入）が投じられており，本来
ならば倒産すべき企業がゾンビ化して再生している。そして，このような企業
経営に対する国家の過度な介入は，企業の再生力や自助力を喪失させると共に
国際的信用力を低下させる可能性を有する。そのため，韓国経済が再生し，韓
国企業のグローバル化を進展させるためには，韓国財閥への依存傾向が強い財

政体質からの脱却と血税支援（投入）問題の解決が求められるのである。

　また，韓国財閥は，既述のように，財閥総帥が脱税や粉飾決算等の不祥事を多発させており国民から社会的批判を受けているのにもかかわらず，財閥総帥は，刑事告訴後に短期間で社会復帰を果たしている。実際のところ，韓国財閥の総帥には，公的資金の私的使用及び不正会計に対する倫理観が希薄であり，事業展開のためであればビジネス慣習としての賄賂の収受についても寛容なビジネス慣習が韓国社会に醸成されている。そして，財閥総帥が早期に財界復帰できている理由としては，政治家と官僚を組み込んだ「婚縁」を効果的に活用しているためである。そのため，韓国財閥は，単なるビジネス上の利点だけでなく，あらかじめ経済犯罪による刑事告訴の発生を想定して「婚縁」を構築し，創業家一族によるファミリービジネスの基盤を強固なものにしているのではないかと考えられる。

　つまり，行き過ぎた韓国財閥のファミリービジネスを規制するためにもコーポレートガバナンスの確立が求められるのである。例えば，韓国のコーポレートガバナンスは，「外部ガバナンス」と「内部ガバナンス」の２つの側面を有しているが，1970年代の韓国は日本や米国に比べて金融機関が未成熟であり資本市場も未整備であったため外部ガバナンスが機能しているとはいえなかった。

　つまり，資本経済下において，米国では，金融機関を中心とする資本市場が企業経営を監視し，日本では，企業と恒常的に安定した取引関係を有している金融機関（メインバンク）が企業経営を監視することにより「外部ガバナンス」が機能してきたのに対して，韓国では，資本市場の担い手である金融機関自体が政策金融の橋渡し的存在に過ぎなかったため，「外部ガバナンス」の役割を果たすことができなかったのである。その後，韓国においても金融機関の成長に伴い資本市場が構築されるが，外部監視機能が強化され大統領と政治家を巻き込んだ韓国財閥総帥を巡る不透明な企業経営が是正されることはなかった。そのため，韓国では，韓国財閥総帥の不透明な企業経営に対する批判が多く，富める者（特定財閥）と富めない者（中小企業）との間の経済的な格差と，財閥が生起する不正会計と脱税も社会問題化し刑事告訴される財閥総帥も現れ，その対応策として，韓国では，政治家及び公務員と韓国財閥及び韓国企業との癒着を防ぐことを目的として，「金英蘭法」が制定されたのである。そして，金英蘭法では，公務員，私立学校教職員，及び報道関係者を「公職者等」と位置

122　第Ⅶ章　結　論

づけ，公職者等と配偶者に対する利益供与を制限することを目的として公職者等に対する接待行為の金額に上限が設けられており，１回の食事３万ウォン，贈答物５万ウォン，及び慶弔費10万ウォンを上限とし，公職者等に対する提供額が100万ウォン（約９万２千円），年間合計300万ウォン（約27万円）を超えたならば，３年以下の懲役又は３千ウォン以下の罰金が科せられる。しかし，金英蘭法は，韓国社会に「公益申告」という新たな問題を生み出すと共に，消費経済を冷え込ませるという経済的損失も生じさせた。

　つまり，韓国では，政治家及び公務員と韓国財閥及び韓国企業との癒着を防ぐことを目的として，金英蘭法を制定したが，韓国財閥に対する国民の信頼を高めるためには，金英蘭法のような罰則規定を設けることも有効であるが，それよりも韓国財閥のなかに「企業の社会的責任」という考えを醸成することが求められる。

　加えて，官治金融という韓国政府が金融システムを通じて韓国財閥系企業を管理・支配する経済構造は，民主的な資本主義経済に反する歪な形態であり，この経済構造の歪みが韓国財閥における「循環出資」という財閥グループにおける特異な資本構成を生み出したのである。そして，循環出資が生起した韓国財閥特有のファミリービジネスが，韓国経済の発展を妨げたのも事実である。そのため，金大中大統領と盧武鉉大統領は，創業家一族等の大株主による経営支配の排除と，一般株主の権利保護に伴う少数株主の権限強化を目的としてコーポレートガバナンス改革を断行したのである。なぜならば，韓国財閥における脱税や不正会計等の社会問題を生起させている理由の一つとして，主要な系列企業が順送りに株式を所有するという韓国財閥の特異な資本構造システムである「循環出資」を挙げることができるからである。例えば，財閥総帥一族の持ち株とグループ系列企業の持ち株を合わせると内部所有比率が著しく高くなり，循環出資は，企業統治を不透明にして健全な企業経営を妨げると共に韓国社会の経済格差を助長させている。そして，韓国財閥では，商法上の規定に基づいて選任されていない財閥総帥の権限が極めて強く，韓国財閥は財閥総帥直轄の司令部署（会長秘書室等）で財閥総帥及び創業家の独占的な意思決定が尊重されており，韓国財閥を対象とする「内部ガバナンス」は不十分な状態であり，内部ガバナンスの不備が韓国財閥を巡る脱税・不正事件を頻発化させているのである。

また，金大中大統領のコーポレートガバナンス改革では，２人以上の取締役を選任する場合に，各株主に１株ごとに選任する取締役の数と同じ数の議決権を付与し，その議決権を取締役候補者１人又は数人に集中して投票する方法である「集中投票制」の導入が提唱され，そして，「2000年中に，総資産２兆ウォン以上の大規模上場法人に対して，３名以上に社外取締役を拡大し，2001年以後に取締役の２分の１以上に社外取締役を設けることに拡大する」ことも提案された。そして，社外取締役選任の透明性と社外取締役の独立性の確保を制度的に保障することを目的として，総資産２兆ウォン以上の証券会社と上場・登録法人及び銀行法上の金融機関を対象に，総員の半数以上が社外取締役になるように構成された「社外取締役候補推薦委員会」の設置が強制され，株主総会において社外取締役を選任する場合には，「社外取締役候補推薦委員会」の推薦が求められたのである。つまり，韓国のコーポレートガバナンス改革では，支配株主との関係や経営者との親族関係において，社外取締役の独立性を強く求めたのである。

　しかしながら，現実の韓国財閥の社外取締役は，財閥創業家及び財閥総帥と直接利害関係を有する者と学縁関係者が多く，約20％から30％の社外取締役が財閥創業家及び財閥総帥と何らかの利害関係を有する者で占められたため「社外取締役候補推薦委員会」が形骸化し，必ずしも"社外取締役の独立性"が保たれているとはいえない状態にあり改善することが求められる。そして，韓国における社外取締役の本業の職業は，経営者（約50％），大学教授（約20％），弁護士（約10％）であり人材の確保に偏りが窺えるが，この傾向は日本の社外取締役の選定の際にも窺える。

　また，韓国社会は，少子高齢化が急速に進行しており，労働人口の約半数を占める女性労働力の活用が求められている。そのため，韓国政府は，女性労働力の活用を目的として，2005年12月に男女雇用平等法を改正し，2006年３月１日から積極的雇用改善措置制度を実施した。

　しかし，2014年時点の韓国企業における社員のうちに占める女性取締役の割合は，経済協力開発機構（OECD）の調査資料に拠れば0.4％であり，男性取締役（2.4％）の約６分の１に過ぎず，経済協力開発機構（OECD）加盟国のうちで関係資料の存在する30か国中で最低の数値であり，そして，日本経済新聞とQUICK・ファクトセットの協力により調査したところでは，女性取締役が１

124　第Ⅶ章　結　論

人以上いる上場企業の比率は韓国が12.8％と54か国中53位であった。

　現在，国際的に多様性の重要性が叫ばれているが，多様性は企業の創造性と生産性を高めると共に，企業統治の面においても重要であると認識することができる。しかし，韓国における女性取締役の登用は先進国に比べると著しく遅れているが，この理由としては，永年にわたり韓国社会に存続する家父長制度が会社組織においても導入されているためであると推測できる。そして，この男尊女卑の傾向は，儒教の影響を受けて男系の嫡子により事業承継され創業家支配が行われている韓国財閥において特に顕著に窺えるのである。そのため，今後，韓国企業が外貨獲得のためのグローバル化を進展させるためにも企業経営における"多様性"を意識することが求められるのである。実際に，韓国財閥は，新たな海外市場の獲得を目指してベトナム進出を中心としてグローバル化を進展させており，国外での事業活動を活性化させるためにも国際的潮流である多様性に基づいて多文化共生を図るべきである。

　また，韓国財閥及び韓国企業の投資家の多くは，財閥創業家及び財閥総帥の独占的な経営判断に対して発言する機会が少なく利益相反行為を見逃すケースがあるばかりでなく，機関投資家の投資対象が機関投資家の親会社やグループ系列会社，又は，主要顧客である場合には，創業家及び財閥総帥の経営陣に対して友好的な意思決定をする可能性が高い。そのため，株主総会で物議を醸すことも多い"物言う株主"に対しては円滑な企業経営を損なうという批判的な見解も多いが，韓国のコーポレートガバナンス改革においては，企業経営に大きな影響力を有する機関投資家が発言力の高い株主に変わることを期待したい。

　実際のところ，日韓のファミリービジネスは，全ての面で同一であると言い難いが，日韓両国のファミリービジネスは，創業者及び創業家一族が企業経営を支配している点において企業形態上の同質性を有しており，韓国財閥の粉飾・不正会計及び事業承継の失敗を示唆とすることができる。例えば，韓国においても，健全な企業会計を実施し法人税の納税を遵守すると共に，利害関係者の支持を得られるような企業経営や事業承継を行っている韓国財閥及び韓国企業は，厳しい経営環境下であっても成長し続けている。逆に，粉飾・不正会計等の不祥事を起こしている韓国財閥及び韓国企業は，経営破綻し韓国経済に大きな打撃を与えており，この事実はコーポレートガバナンスの重要性を示唆しているのである。

よって，本書では，韓国の企業経営の根幹を形成する韓国財閥の実態を検証することを目的として，韓国財閥のファミリービジネスと企業統治について考察した。なぜならば，韓国財閥におけるファミリービジネスと企業統治を分析することは，ファミリービジネスが多く企業経営上の同質性を有するわが国の企業経営の示唆ともなりえるからである。

参考文献

1．池東旭著，『韓国の族閥・軍閥・財閥　支配集団の政治力学を解く』（中央新書，1997年）
2．池東旭著，『韓国財閥の興亡』（時事通信社，2002年）
3．井上隆一郎著，『アジアの企業と財閥』（日本経済新聞社，1994年）
4．李海珠著，『東アジア時代の韓国経済発展論』（税務経理教会，2001年）
5．韓国経済新聞著・豊浦潤一訳，『韓国はなぜ危機か』（中央公論新社，2016年）
6．菊池敏夫・平田光弘共著，『企業統治の国際比較』（文眞堂，2000年）
7．北野弘久・小池幸造・三木義一共著，『争点相続税法（補訂版）』（勁草書房，1996年）
8．木村光彦著，『日本統治下の朝鮮』（中央公論新社，2018年）
9．鈴木満直著，『解放下における韓国の金融システム』（勁草書房，1993年）
10．高龍秀著，『韓国の企業・金融改革』（東洋経済新報社，2009年）
11．宋娘沃著，『技術発展と半導体産業―韓国半導体産業の発展メカニズム―』（文理閣，2005年）
12．髙沢修一著，『ファミリービジネスの承継と税務』（森山書店，2016年）
13．高安雄一著，『韓国の構造改革』（NTT出版，2005年）
14．朝鮮日報経済部著，鶴眞輔訳『韓国財閥25時　経済発展の立役者たち』（同友館，1985年）
15．鄭章淵著，『韓国財閥史の研究　分断体制資本主義と韓国財閥』（日本経済評論社，2007年）
16．富岡幸雄著，『検証企業課税論』（中央経済社，2018年）
17．永野慎一郎編著，『韓国の経済発展と在日韓国企業人の役割』（岩波書店，2010年）
18．服部民夫編著，『韓国の工業化・発展の構図』（アジア経済研究所，1987年）
19．服部民夫著，『韓国の経営発展』（文眞堂，1988年）
20．服部民夫著，『東アジア経済発展と日本』（東京大学出版会，2007年）
21．濱村　章著，『コーポレート・ガバナンスと資本市場』（税務経理協会，2004年）
22．辺真一著，『大統領を殺す国　韓国』（角川書店，2014年）
23．深川由紀子著，『韓国・先進国際経済論』（日本経済新聞社，1997年）
24．朴東洵著，『韓国財閥のリーダーたち』（東洋経済新報社，1992年）
25．水野順子著，『韓国の自動車産業』（アジア経済研究所，1996年）
26．李漢九著，『韓国財閥史』（大明出版社・ソウル，2004年）
27．李ハング著，『韓国財閥形成史』（比峰出版社・ソウル，1999年）
28．趙東成著，『韓国財閥』（毎日経済新聞社・ソウル，1997年）
29．崔ジョンヒョ著，『韓国財閥史研究』（ヘナム図書出版，2014年）
30．ユ・テヒョン他著，『財閥の経営支配構造と人脈婚脈』（ナナン出版，2005年）

参考資料

1．日本監査役協会韓国調査団・韓国調査団報告書「韓国のコーポレート・ガバナンス」
　（2002年10月10日）
2．金融庁編，「投資家と企業の対話ガイドライン（案）」（2018年３月26日）
3．東京証券取引所編「コーポレートガバナンス・コード（改定案）」（2018年３月30日）
4．阿部徳幸翻訳，「韓国国税庁『Green Book 2013』にみる税務調査手続の概要」関東学院
　法学23（関東学院大学法学会．2014年）
5．한국 은행 편 "조사 통계 연보" 각 년도 판
　（韓国銀行編，「調査統計年報」各年版）
6．대한민국 상공 회의소 한국 경제 연구 센터 편 (1972 년) "현대 기업의 사회적 책임"
　（大韓民国商工会議所・韓国経済研究センター編（1972年）「現代企業の社会的責任」）
7．대한민국 경영 학회 편 (1992 년) "한국의 기업 윤리 조치 실상과 과제 조치"
　（大韓民国経営学会編（1992年）「韓国の企業倫理―実像と課題―」）
8．대한민국 재정 경제부 편 (2000 년) "투명한 기업 경영을위한 지배 구조 개혁 (안)"
　（大韓民国財政経済部編（2000年）「透明な企業経営のための支配構造改革（案）」）
9．대한민국 산업 자원부 편 (2003 년) "자동차 부품 산업의 현황 및 발전 방향"
　（大韓民国産業資源部編（2003年）編「自動車部品産業の現況及び発展方向」）
10．대한민국 자동차 산업 연구소 편 (2004 년) "한국 자동차 산업"
　（韓国自動車産業研究所編（2004年）「韓国自動車産業」）
11．대한민국 고용 노동부 편 (2012 년) "적극적 고용 개선 조치 제도의 남녀 근로자 현황
　분석 결과"
　（大韓民国雇用労働部編（2012年）編「積極的雇用改善措置制度の男女労働者現状分析
　結果」）

索　　引

李承晩（イ・スンマン）　14, 32

李明博（イ・ミョンバク）　89, 101

インフォーマル・ネットワーク　1, 17, 29, 120

SK グループ　2, 5, 37, 38, 39, 103, 104, 107, 108, 112, 113

LG グループ　2, 39, 40, 41, 42, 107

学縁（学閥）　5, 17, 120

韓国公正取引委員会　17, 106

韓国財閥　1, 2, 12, 13, 14, 16, 17, 30, 97, 105, 108, 109, 112, 114, 119, 120, 124

韓国・ベトナム戦略協力パートナーシップ共同声明　89, 90

官治金融（韓国金融システム）　19, 122

金宇中（キム・ウジュン）　57, 100, 102, 103

金大中（キム・デジュン）　24, 36, 101

金大中大統領のコーポレートガバナンス改革　5, 24, 25, 99, 114, 122, 123

金泳三（キム・ヨンサム）　101

金英蘭（キム・ヨンラン）法　109, 110, 121, 122

客主　10

金剛山（クムガンサン）観光開発　36

錦湖（クムホ）アシアナグループ　82, 83

血税支援　55, 62, 63

コリア・ディスカウント　4

婚縁（婚縁ネットワーク）　18, 108

在日コリアン企業家　45

サムスングループ（三星財閥）　2, 5, 12,

32, 33, 34, 65, 70, 91, 107

CSR（Corporate Social Responsibility）　112, 113

GS グループ　21, 41

CJ グループ　107, 116

事業承継　33, 34, 38, 41, 42, 45, 46

社外取締役候補推薦委員会　100, 114, 123

社外取締役の独立性　2, 99, 114, 120

循環出資　21, 31, 39, 104, 122

女性取締役　115, 116

新世界（シンセゲ）グループ　21, 97

政経癒着問題　1, 3, 18, 55, 108, 120,

税務戦略　75, 88, 91

ゾンビ企業　49, 50, 51

脱税・不正事件　101, 104, 105, 107

崔順実（チェスンシル・チェソウォン）国政介入問題　33, 101, 107

朝鮮総督府　10, 11

朝鮮大地主（民族系企業集団）　12, 13

全斗煥（チョン・ドゥファン）　109

陳承鉉（チン・スンヒュン）ゲート　24, 101

大宇（テウ）財閥・大宇グループ　12, 14, 15, 57, 100. 102

大韓（テハン）航空ナッツ・リターン騒動　83, 116

大韓（テハン）航空パワハラ問題　116

斗山（ドゥサン・トゥサン）グループ　12, 13

投資・共生協力促進制度（法人留保金課税

索　引　129

制度）　27, 28, 76

盧泰愚（ノ・テウ）　109

盧武鉉（ノ・ムヒョン）　25, 101

盧武鉉大統領のコーポレートガバナンス改革（出資総額制限）　26, 100

朴槿恵（パク・クネ）　3, 6, 33, 101

朴正煕（パク・チョンヒ）　14, 15, 18, 102

パラダイム転換期　63, 74

韓進（ハンジン）グループ　82, 107

韓火（ハンファ）グループ　96, 97, 107

現代（ヒュンダイ）グループ（現代財閥）　12, 34, 35, 36,

現代自動車グループ　22, 23, 34, 35, 37,

77, 78, 79, 80, 107

ファミリービジネス（家族経営）　1, 18, 29, 30, 119, 124

不実企業（韓国の銀行管理下企業）　15, 102, 103

ベトナム政府のドイモイ（DoiMoi・経済自由化）政策　84, 86

文在寅（ムン・ジェイン）　26, 36, 76

持株会社　38, 39, 43

栗山（ユルサン）財閥　12, 14, 15

養子制度　43

李氏朝鮮　10

ロッテグループ　2, 45, 46, 47, 94, 107

著者紹介

髙沢修一（たかさわしゅういち）

現在
　大東文化大学経営学部教授
　博士（経営学）
　中華人民共和国河北大学客座教授
　フェリス女学院大学国際交流学部非常勤講師
　高沢修一税理士事務所所長

単著
　『会計学総論』（森山書店，2003年）
　『流通の経営と税務』（白桃書房，2004年）
　『会計学総論〔第2版〕』（森山書店，2006年）
　『事業承継の会計と税務』（森山書店，2008年）
　『法人税法会計論』（森山書店，2010年）
　『法人税法会計論〔第2版〕』（森山書店，2013年）
　『ファミリービジネスの承継と税務』（森山書店，2016年）
　『法人税法会計論〔第3版〕』（森山書店，2017年）
　『近現代日本の国策転換に伴う税財政改革』（大東文化大学経営研究所，2017年）他

共著
　『納税者権利論の課題』北野弘久先生追悼論文集（勁草書房，2012年）
　『会計学はじめの一歩』（中央経済社，2012年）
　『マネジメント力の養成』（財経詳報社，2016年）他

韓国財閥の通信簿　―韓国ファミリービジネスの企業診断―

平成30年10月1日　初版発行

著　者　髙　沢　修　一

発行者　宮　本　弘　明

発行所　株式会社　財経詳報社

〒103-0013　東京都中央区日本橋人形町1-7-10
電　話　03（3661）5266（代）
ＦＡＸ　03（3661）5268
http://www.zaik.jp
振替口座　00170-8-26500

落丁・乱丁はお取り替えいたします。
©2018　Syuichi Takasawa
ISBN　978-4-88177-452-6

印刷・製本　創栄図書印刷
Printed in Japan